일본어 재미에 푹~빠지다~♥

はまる 일본어

하 마 루

시사일본어사

이 책을 읽기 전에

외국어를 배운다는 것은 우리의 삶에서 어떤 의미를 갖는 것일까요.

외국어는 우리에게 언어 속에 녹아 있는 새로운 사고방식과 행동양식을 만날 수 있게 해 줍니다. 이는 나의 삶이 풍부해지고 시야가 넓어진다는 것을 의미하겠지요.

당신이 이 책을 펼친 이유는 일본어에 대한 호기심, 미래를 위한 준비, 그리고 일본문화에 대한 관심 등 다양할 것입니다. 일본어를 시작하는 계기는 다를 수 있지만, 일본어를 배우는 과정은 일본어가 드러내는 사고와 문화를 탐험하여 그들에게 익숙한 어휘로 나의 생각을 표현하고, 상대의 생각을 이해하는 연습입니다.

이 책은 단어와 문형・회화 연습에 더하여, 학습자 스스로 자신의 시야를 넓혀 가는 일본어 학습에 작은 길잡이가 되고자 하였습니다.

각 과는 [**説明と練習**(설명과 연습)], [**本文**(본문)], [**聞き取りと書き取り**(듣기와 쓰기)]의 세 코너로 이루어져 있습니다.

[**説明と練習**]에서 주요 문형과 어휘를 학습합니다. 초급과정에서 익혀야 하는 문형을 제시하고, 학습자가 자신의 일상을 표현하는데 필요한 어휘를 우선적으로 도입하였습니다. 가능한 다양한 어휘를 제시하여 학습자가 선택적으로 사용할 수 있도록 하였습니다.

[**本文**]에는 일본인의 언어행동과 문화를 체험할 수 있는 장면을 제시하였습니다.

이 책의 본문은 '김태호'라는 한국인 대학생이 일본에 머물며 일본을 겪어나가는 이야기로 구성되어 있습니다. 장면에 대한 이해를 돕기 위하여 본문 도입부에 대화 상황을 설명하는 지문을 일본어와 한국어로 제시하였습니다. 김태호씨는 일본인 친구 야마다 겐타씨와 거리를 걷다가 카페에 들어가 커피를 주문하고, 라면을 사먹고, 영화를 보러가거나 일본 전통극을 보러 가기도 합니다.

본문 말미에는 [함께 이야기해 봅시다(**話し合ってみましょう**)]라는 코너를 통해 주요 화제와 관련 있는 일본의 문화현상이나 어휘를 제시하였습니다. 이 코너는 수업에서 개인별・그룹별 과제로, 또는 발표수업의 재료로 활용할 수 있으리라 생각합니다. 학습자 스스로 조사와 토론을 통해 일본어에 대한 소양을 넓혀갈 수 있을 것입니다.

[**聞き取りと書き取り**] 에서는 앞에서 학습한 내용을 토대로 간단한 듣고 쓰기 연습을 할 수 있습니다.

학습자 여러분은 이 책을 통해 호기심 가득한 태호씨와 함께 일본어, 일본문화를 만나며 일본인의 언어행동을 학습해 나갈 수 있을 것입니다. 태호씨와 한 걸음 한 걸음 일본 문화의 구석구석을 걸어 보지 않으시겠습니까?

끝으로, 바쁜 일정 속에서 원고를 꼼꼼하게 읽어 주시고 조언해 주신 국제교류기금 일본어 국제센터의 야나시마후미에(梁島史恵)선생님과 따뜻하게 격려해 주신 시라이케(白井桂)선생님께 깊은 감사의 마음을 전합니다.

저자일동.

차례

구성과 특징

1. 본 책은 일본어 문자와 발음, 기초 문법, 회화를 학습하는 입문 교재입니다.

2. 전체 구성은 1과~3과는 문자와 발음 및 인사 표현, 4과~11과는 일본어 학습 입문자들이 알아야할 기초 문법과 더불어 단어와 문형, 회화 연습으로 구성되어 있습니다.

3. 각 과는 [**説明と練習**(설명과 연습)], [**本文**(본문)], [**聞き取りと書き取り**(듣기와 쓰기)]의 세 코너로 이루어져 있습니다.

4. CD에는 일본어 문자와 발음, 본문 회화, 회화 연습이 실려 있습니다.

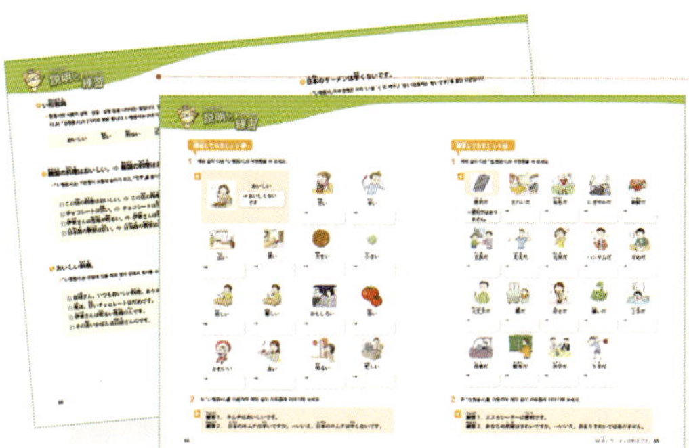

설명과 연습

주요 문형과 어휘를 학습합니다.
초급과정에서 익혀야 하는 문형을 제시하고, 학습자가 자신의 일상을 표현하는데 필요한 어휘를 우선적으로 도입하였습니다. 가능한 다양한 어휘를 제시하여 학습자가 선택적으로 사용할 수 있도록 하였습니다.

듣기와 쓰기

앞에서 학습한 내용을 토대로 체계적인 듣고 쓰기 연습을 할 수 있도록 구성하였습니다.

본문 회화

본문 회화에서는 일본인의 언어행동과 문화를 체험할 수 있는 장면을 제시하였습니다.
장면에 대한 이해를 돕기 위하여 본문 도입부에 대화 상황을 설명하는 지문을 일본어와 한국어로 제시하였습니다.

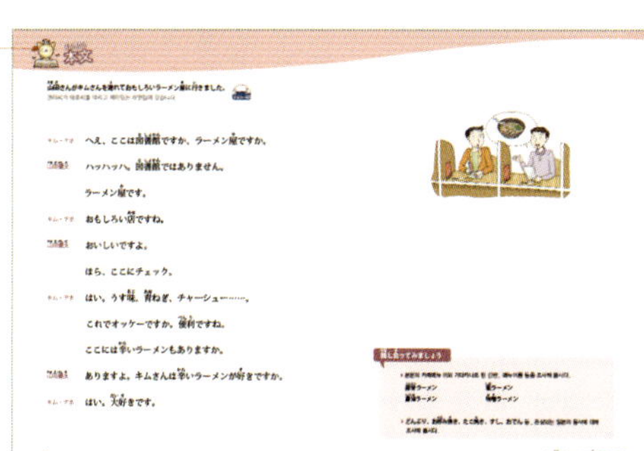

일본어 시작은 히라가나부터!!!

일본어를 익히려면 50음도표부터 외워야 해요. 50음도표이긴 하지만 실제 사용되지 않는 것을 빼면 46개랍니다. 큰 소리로 읽어가며 외우세요.

track-01

히라가나 50음도표

단 / 행	あ		い		う		え		お	
あ	あ	a	い	i	う	u	え	e	お	o
か	か	ka	き	ki	く	ku	け	ke	こ	ko
さ	さ	sa	し	shi	す	su	せ	se	そ	so
た	た	ta	ち	chi	つ	tsu	て	te	と	to
な	な	na	に	ni	ぬ	nu	ね	ne	の	no
は	は	ha	ひ	hi	ふ	hu	へ	he	ほ	ho
ま	ま	ma	み	mi	む	mu	め	me	も	mo
や	や	ya			ゆ	yu			よ	yo
ら	ら	ra	り	ri	る	ru	れ	re	ろ	ro
わ	わ	wa							を	o
	ん	n								

외래어는 가타카나로!!!

일본인들은 외래어를 많이 씁니다. 그 외래어를 표기하는 글자가 바로 가타카나! 가타카나만 읽을 줄 알아도 일본 잡지며 거리 간판의 반 이상은 이해할 수 있답니다. 또, 의성어 · 의태어와 강조하고 싶은 말에도 가타카나를 쓰니 히라가나와 함께 꼭 외워 둬야 합니다.

track-02

가타카나 50음도표

행 \ 단	ア	イ	ウ	エ	オ
ア	ア a	イ i	ウ u	エ e	オ o
カ	カ ka	キ ki	ク ku	ケ ke	コ ko
サ	サ sa	シ shi	ス su	セ se	ソ so
タ	タ ta	チ chi	ツ tsu	テ te	ト to
ナ	ナ na	ニ ni	ヌ nu	ネ ne	ノ no
ハ	ハ ha	ヒ hi	フ hu	ヘ he	ホ ho
マ	マ ma	ミ mi	ム mu	メ me	モ mo
ヤ	ヤ ya		ユ yu		ヨ yo
ラ	ラ ra	リ ri	ル ru	レ re	ロ ro
ワ	ワ wa				ヲ o
	ン n				

01

ひらがなと 電話番号（でんわばんごう）

ひらがな

1, 2, 3

제 전화번호는 010-1234-5678입니다.

67

あいうえお
かきくけこ
さしすせ
たちつて
なにぬね
はひふへ
まみむめも
やゆよ
らりるれろ
わを
ん
1 2 3
4 5 6
7 8 9
* 0 #

❶ 가나(仮名)

1 일본어 문장의 구성

일본어 문장은 주로 히라가나(平仮名)와 가타카나(カタカナ), 한자(漢字)로 이루어져 있습니다. 또 필요에 따라 숫자와 로마자, 기호 등이 쓰여 지기도 합니다. 다음 문장을 통해 히라가나와 가타카나, 한자, 쉼표(読点), 마침표(句点)의 위치와 역할을 확인해 보세요. 또 우리말 문장과의 차이점도 찾아보세요.

この店はカツカレーが1800円です。ちょっと高いですが、とてもおいしいです。

(이 가게는 돈까스 카레 덮밥이 1800엔 입니다. 조금 비싸지만 아주 맛있습니다.)

우리말과 어떤 차이점이 보이시나요?

우선, '돈까스 덮밥'에 해당하는 부분이 가타카나로 쓰여 있군요. 또 띄어쓰기(分かち書き)가 없는 점이 눈에 뜨입니다.

2 가나의 기원

일본어의 글자를 가나라고 합니다. 가나에는 히라가나(ひらがな)와 가타카나(カタカナ)가 있는데, 이 두 글자체계의 기원을 만요가나(万葉仮名)로 봅니다. 만요가나는 고대 일본인들이 일본어를 표기하기 위하여 한자(漢字)의 음(音)만을 따서 쓴 글자입니다. 9세기 무렵 이 만요가나의 자형 전체를 초서체로 흘려쓴 모양을 본따 히라가나가 성립되었고, 만요가나 자형의 일부를 생략하여 간략하게 쓴 모양으로 가타카나가 성립되었습니다.

히라가나는 헤이안 시대(平安時代 : 794~1192) 중반 이후 귀족 여성들 사이에서 널리 쓰이게 되면서 여류문학의 융성을 가져다주었습니다. 이 귀족 여성들과 문학의 융성에 큰 영향을 미친 사람들 중, 뇨보(女房)라는 여성들이 있습니다. 헤이안 시대는 아직 무사계급이 강성해 지기 전, 천황과 귀족이 통치를 하던 시기 였습니다. 헤이안 시대는 정적이지만 우아한 귀족문화가 꽃을 피운 귀족사회였다고 평가됩니다. 이 시대는 천황의 외척이 정치에 관여하는 섭정(摂政)과 관백(関白)이 강력한 권력을 행사하던 시기였습니다. 그러므로 이 시대에 천황의 외척이 된다는 것은 모든 권력을 손에 쥔다는 것을 의미했겠지요. 따라서 유력한 귀족들은 딸을 낳으면 천황가에 시집을 보내기 위해 어려서부터 신부수업을 시켰습니다. 이 어린 여성의 보모 겸 개인교사 역할을 했던 사람이 뇨보입니다. 뇨보는 신분은 높지 않으나 학식과 교양을 겸비한 엘리트 여성이었습니다. 뇨보들은 히라가나로 수필, 소설 등을 쓰고 경쟁적으로 발표하여 궁중을 중심으로 수준 높은 문학살롱을 형성했다고 합니다. 세쇼나곤(清少納言)의 『마쿠라노소시(枕草子)』나 무라사키시키부(紫式部)의 『겐지모노가타리(源氏物語)』등 일본을 대표하는 많은 고전 문학 작품들이 이러한 시대적 배경의 산물입니다.

가타카나는 승려가 불경을 읽기 위해, 즉 한문의 훈독을 위해 주로 쓰여 졌습니다. 또한 승려가 스승의 강의를 들으면서 신속하게 필기를 하기 위해 과감하게 자획이 생략되었기 때문에 그 이름도 '자획이 불완전한 가나'란 의미로 가타카나라 불리게 되었습니다. 지금은 주로 외국어나 외래어를 표기하는데 쓰입니다. 문장이나 단어를 인용 · 강조하거나, 식물이름, 동물이름, 의성어나 의태어를 표기하기도 합니다.

3 오십음도(五十音図)

가나는 5개의 순모음(あ・い・う・え・お)을 포함하여 반모음과 모음이 합쳐진 글자(や・ゆ・よ・わ), 자음과 모음이 합쳐진 글자 등 도합 44개의 글자와 조사로만 쓰이는 「を」, 발음(撥音)「ん」으로 이루어져 있습니다. 가나를 자음과 모음의 순서로 배열한 표를 오십음도라 부릅니다.

4 히라가나의 자원(字源)

无 ん	和 わ	良 ら	也 や	末 ま	波 は	奈 な	太 た	左 さ	加 か	安 あ
	爲 ゐ	利 り		美 み	比 ひ	仁 に	知 ち	之 し	機 き	以 い
		留 る	由 ゆ	武 む	不 ふ	奴 ぬ	川 つ	寸 す	久 く	宇 う
	恵 ゑ	礼 れ		女 め	部 へ	祢 ね	天 て	世 せ	計 け	衣 え
	遠 を	呂 ろ	与 よ	毛 も	保 ほ	乃 の	止 と	曽 そ	己 こ	於 お

説明と練習

❷ 히라가나(平仮名) 익히기–청음(清音)

あ행

일본어의 기본 모음이며, 한국어의 '아 · 이 · 우 · 에 · 오' 발음과 비슷합니다. 단 「う」발음에 주의하세요. '우'와 '으'의 중간 발음으로 입술에 힘을 빼고 '으'에 가깝게 소리냅니다.

track-03

あ [a 아]

あい
[아이]
사랑

い [i 이]

いす
[이스]
의자

う [u 우]

うた
[우따]
노래

え [e 에]

え
[에]
그림

お [o 오]

おう
[오–]
왕

読んでみましょう ❶

❶ あおい

❷ いえ

❸ うえ

❹ あう

❺ いいえ

か행

한국어의 'ㄱ'과 'ㅋ'의 중간 발음이지만, 단어의 첫 글자로 나올 때는 'ㅋ'에 가깝게, 단어 중간이나 끝에 올 때는 'ㄲ'로 읽는 것이 일본어 발음에 가깝습니다.

track-04

か [ka 카]

かばん
[카방]
가방

き [ki 키]

き
[키]
나무

く [ku 쿠]

くも
[쿠모]
구름

け [ke 케]

けいたい
[케-타이]
휴대전화

こ [ko 코]

こえ
[코에]
목소리

読(よ)んでみましょう ❷

❶ あかい

❷ かき

❸ きく

❹ いけ

❺ ここ

説明(せつめい)と練習(れんしゅう)

さ 행

한국어의 '사 · 시 · 스 · 세 · 소' 발음과 비슷합니다. 단, 「す」 발음에 주의하세요.
'스'와 '수'의 중간 발음으로 입모양을 튀어나오게 하지 말고 소리내보세요.

track-05

さ [sa 사]	し [shi 시]	す [su 스]	せ [se 세]	そ [so 소]
	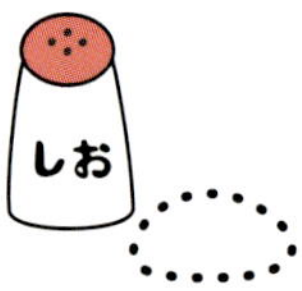			
あさ	しお	すし	せんせい	そら
[아사]	[시오]	[스시]	[센세-]	[소라]
아침	소금	초밥	선생님	하늘

読(よ)んでみましょう ③

1. いす
2. せかい
3. うそ
4. さけ
5. おいしい

た행

'타 · 티 · 투 · 테 · 토'가 아닙니다. 헷갈리지 마세요. 「**ち**」와 「**つ**」는 우리말의 '치' '츠'에 가깝고요, 「**た · て · と**」는 단어 첫글자에서는 'ㅌ'에 가깝고, 단어 중간이나 끝에 있으면 'ㄸ'에 가깝게 발음합니다.

track-06

た[ta 타]

たこ
[타꼬]
문어

ち[chi 치]

ちち
[치찌]
아버지

つ[tsu 츠]

くつ
[쿠쯔]
구두

て[te 테]

て
[테]
손

と[to 토]

とけい
[토께-]
시계

読(よ)んでみましょう ④

❶ たいせつ

❷ ちかてつ

❸ つくえ

❹ あつい

❺ とけい

説明と練習

(せつめい / れんしゅう)

な행

한국어의 '나 · 니 · 누 · 네 · 노' 발음과 비슷합니다. 단, 「**ぬ**」발음에 주의하세요. '누'와' '느'의 중간 발음으로 입모양을 튀어나오게 하지 말고 '누'라고 소리냅니다.

track-07

な [na 나]	に [ni 니]	ぬ [nu 누]	ね [ne 네]	の [no 노]

なす	**かに**	**いぬ**	**ねこ**	**のり**
[나스]	[카니]	[이누]	[네꼬]	[노리]
가지	게	개	고양이	풀

読んでみましょう ⑤

(よ)

1. あな
2. かに
3. いぬ
4. ねこ
5. のう

は행

한국어의 '하 · 히 · 후 · 헤 · 호' 발음과 비슷합니다. 「**ひ**」는 입술을 옆으로 당겨 발음하고, 「**ふ**」를 발음할 때는 입술을 너무 둥글리지 말고 약간 평평한 상태에서 소리내야 합니다.

track-08

は [ha 하]	ひ [hi 히]	ふ [hu 후]	へ [he 헤]	ほ [ho 호]

はし	**ひこうき**	**ふね**	**へそ**	**ほん**
[하시]	[히꼬-끼]	[후네]	[헤소]	[홍]
젓가락	비행기	배	배꼽	책

読(よ)んでみましょう ⑥

❶ はな

❷ ひと

❸ ふかい

❹ へそ

❺ ほしい

説明と練習

ま행

한국어의 '마 · 미 · 무 · 메 · 모' 발음과 비슷합니다. 「**む**」는 한국어의 '무'라고 발음하기 보다는 '무'와 '므'의 중간발음이라고 생각하면서 소리내도록 해보세요.

track-09

ま [ma 마]	み [mi 미]	む [mu 무]	め [me 메]	も [mo 모]
		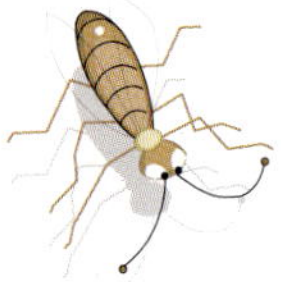	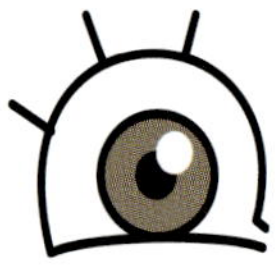	
まめ	うみ	むし	め	もち
[마메]	[우미]	[무시]	[메]	[모찌]
콩	바다	벌레	눈	떡

読んでみましょう ⑦

1. まち
2. かみ
3. のむ
4. あめ
5. くも

や행

한국어의 '야 · 유 · 요' 발음과 비슷합니다. 카타카나의 「ユ(ゆ)」는 「コ(こ)」와 헷갈리기 쉬우니까 주의해서 외우세요.

track-10

や [ya 야]

やま
[야마]
산

ゆ [yu 유]

ゆき
[유끼]
눈

よ [yo 요]

よる
[요루]
밤

読(よ)んでみましょう ⑧

1. へや
2. ふゆ
3. よなか
4. ゆき
5. やさしい

説明と練習

ら 행

한국어의 '라 · 리 · 루 · 레 · 로' 발음과 비슷합니다. 「る」와 「ろ」는 헷갈리기 쉬우니까 정확히 익히세요. 일본어 동사에는 「る」로 끝나는 단어들이 많답니다.

track-11

ら [ra 라]

とら
[토라]
호랑이

り [ri 리]

りんご
[링고]
사과

る [ru 루]

さる
[사루]
원숭이

れ [re 레]

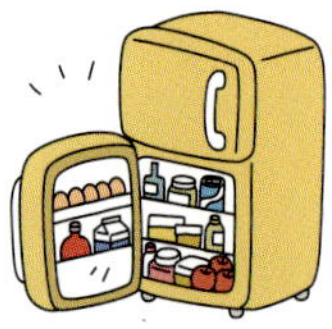

れいぞうこ
[레-조-꼬]
냉장고

ろ [ro 로]

くろ
[쿠로]
검정

読んでみましょう 9

1. そら
2. ひかり
3. おきる
4. かれ
5. しろ

わ행

발음은 한국어의 '와 · 오'와 비슷합니다. 「を」는 조사로만 쓰이며, 「あ」행의 「お」와 발음이 같습니다.

track-12

わ[wa 와]

かわ
[카와]
강

を[o 오]

ほんを よむ
[홍오 요무]
책을 읽다

ん[n 응]

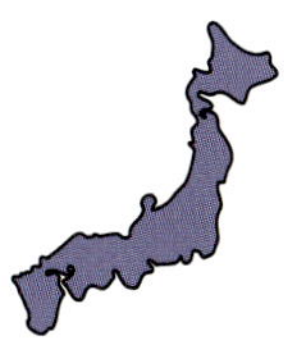

にほん
[니홍]
일본

ん

「ん」은 다른 글자 뒤에서 받침과 같은 역할을 하는데, 콧소리가 납니다. 우리말의 받침과 달라서 한 박자의 길이만큼 발음해 주어야 합니다. 뒤에 오는 음에 따라 한국어 'ㅁ, ㄴ, ㅇ'에 가깝게 발음됩니다.

読んでみましょう ⑩

1. にわ
2. ほん
3. かんたん
4. ほんとう
5. すしをたべる

❸ 히라가나(平仮名(ひらがな)) 익히기-탁음(濁音(だくおん))

track-13

が[ga 가]	ぎ[gi 기]	ぐ[gu 구]	げ[ge 게]	ご[go 고]

track-14

ざ[za 자]	じ[zi 지]	ず[zu 즈]	ぜ[ze 제]	ぞ[zo 조]

読(よ)んでみましょう ⑪

① まんが　② かぎ　③ えのぐ　④ かげ　⑤ ごご
⑥ ざせき　⑦ あじ　⑧ ちず　⑨ かぜ　⑩ ぞう

track-15

だ[da 다]	ぢ[zi 지]	づ[zu 즈]	で[de 데]	ど[do 도]

track-16

ば[ba 바]	び[bi 비]	ぶ[bu 부]	べ[be 베]	ぼ[bo 보]

読(よ)んでみましょう ⑫

① はだ　② はなぢ　③ こづつみ　④ でぐち　⑤ どうぞ
⑥ おば　⑦ くび　⑧ あそぶ　⑨ かべ　⑩ ぼうし

❹ 히라가나(平仮名) 익히기-반탁음(半濁音)

track-17

ぱ [pa 파]	ぴ [pi 피]	ぷ [pu 푸]	ぺ [pe 페]	ぽ [po 포]

読んでみましょう ⑬

① はっぱ　② あんぴ　③ ぷんぷ　④ がっぺい　⑤ さんぽ

❺ 히라가나(平仮名) 익히기-요음(拗音)

track-18

▸ 요음은 작은 'ゃ, ゅ, ょ'로 표기되며 'い'를 제외한 'い段'글자의 오른쪽 아래에 붙어 한 글자처럼 발음 합니다.

き	ぎ	し	じ	ち	に	ひ	び	ぴ	み	り
きゃ kya	ぎゃ gya	しゃ sha	じゃ ja	ちゃ cha	にゃ nya	ひゃ hya	びゃ bya	ぴゃ pya	みゃ mya	りゃ rya
きゅ kyu	ぎゅ gyu	しゅ syu	じゅ ju	ちゅ chu	にゅ nyu	ひゅ hyu	びゅ byu	ぴゅ pyu	みゅ myu	りゅ ryu
きょ kyo	ぎょ gyo	しょ syo	じょ jo	ちょ cho	にょ nyo	ひょ hyo	びょ byo	ぴょ pyo	みょ myo	りょ ryo

読んでみましょう ⑭

① ぎゅうにゅう　② しゃしん　③ おちゃ　④ びょういん　⑤ りょうり

⑥ とうきょう　⑦ じゅぎょう　⑧ ひょうか　⑨ びみょう　⑩ りゅうがく

❻ 히라가나(平仮名) 익히기-촉음(促音)

▸ 촉음은 작은 'っ'로 표기하며 뒤에 오는 자음에 따라 [s], [ʃ], [p], [k], [t], [ch] 등으로 발음 합니다. 작은 'ゃ, ゅ, ょ'와는 달리 1박(拍)의 길이만큼 발음 합니다.

[s]	ざっし	ねっしん
[ʃ]	がっしょう	はっしょうち
[p]	いっぱい	ろっぽんぎ
[k]	がっこう	けっきょく
[t]	ぼっとう	けってい
[ch]	こっち	まっちゃ

読んでみましょう ⑮

① こっそり　② ゆきがっせん　③ けっしょうせん
④ もっぱら　⑤ りっぱ　⑥ きっかけ
⑦ まっとう　⑧ こっとうひん　⑨ ぼっちゃん

❼ 히라가나(平仮名) 익히기-장음(長音)

▸ 다음의 경우 앞 글자를 2박의 길이만큼 길게 발음 합니다.

① 같은 모음　：ああ／いいえ／おいしい／くふう／ええ／おおきい
② 'e'모음 뒤에 'i'모음　：せんせい／きれい／けいたいでんわ
③ 'o'모음 뒤에 'u'모음　：がっこう／こうどう／りょうり／ほんとう

⑧ 숫자1(数字1)

▸ 다음 숫자를 읽어봅시다.

1	2	3	4	5	6	7	8	9	10	0
いち	に	さん	し／よん	ご	ろく	しち／なな	はち	く／きゅう	じゅう	れい／ゼロ

読んでみましょう ⑯

▸ 自分の電話番号を数字で書いて日本語で読んでみましょう。

(자신의 전화번호를 숫자로 쓰고 일본어로 읽어 봅시다.)

私の電話番号は＿＿＿＿＿＿＿＿＿＿＿＿＿＿＿＿＿＿＿＿＿＿＿＿＿＿＿＿です。

⑨ 숫자2(数字2)

▸ 다음 숫자를 읽어봅시다.

11	じゅういち	20	にじゅう
12	じゅうに	30	さんじゅう
13	じゅうさん	40	よんじゅう
14	じゅうよん(じゅうし)	50	ごじゅう
15	じゅうご	60	ろくじゅう
16	じゅうろく	70	しちじゅう(ななじゅう)
17	じゅうしち(じゅうなな)	80	はちじゅう
18	じゅうはち	90	きゅうじゅう
19	じゅうく(じゅうきゅう)	100	ひゃく

本文

キムさんが山田さんの電話番号を聞いています。
태호씨가 겐타씨의 전화번호를 묻고 있습니다.

track-19

キム・テホ　あの、すみませんが、電話番号をお願いできますか。

山田健太　電話番号ですか。080－432—1234です。

キム・テホ　ゼロはちゼロのよんさんにのいちにさんよんですね。
ありがとうございます。

話(はな)し合(あ)ってみましょう

▸ 클래스메이트에게 전화번호를 물어 받아 적어 봅시다.

名前(なまえ)	電話番号(でんわばんごう)

聞き取りと書き取り

track-20

1 다음을 듣고 바르게 표기한 단어를 고르세요.

① a. かぎ　　b. かき

② a. いえ　　b. いいえ

③ a. たつ　　b. だつ

④ a. もてる　　b. もってる

2 다음을 듣고 빈칸에 히라가나를 넣으세요.

① か______　　② に______

③ おき______　　④ や______しい

⑤ ______お　　⑥ ほ______い

⑦ た______き　　⑧ そ______

3 다음을 듣고 빈칸에 숫자를 써 넣으세요.

① 私の電話番号は 010-9803-1____58です。

② 私の電話番号は 02-________-6321です。

③ 私の電話番号は 070-________-1782です。

4 다음을 듣고 숫자를 받아 적어 보세요.

① ______________________________

② ______________________________

③ ______________________________

④ ______________________________

출처. (주)통로 이미지

ビジネスホテル (Business Hotel)
新大久保国際ホテル
SHIN-OKUBO
INTERNATIONAL HOTEL
Staying guide（ご宿泊案内）
1泊／1室1名 ￥7,000
1泊／1室2名 ￥10,000
東京都新宿区百人町 1-1-10
TEL FAX 03-3232-5931
ビジネス・出張・研修
観光・語学留学・合宿
長期滞在プランあります

アパート・マンション
礼金0 敷金0 仲介料0
東京都新宿区西新宿 7-10-19 西新宿ビル1F
ハウスポート新宿店
3366-6666
入居者のための保険 3368-0111
㈱賃貸少額短期保険

イタリア料理の調理・接客等　随時募集中！
時給 一般 ￥1000 高校生 ￥950
(22時~深夜1時　25%アップ)
お気軽にお問い合わせ下さい。
サイゼリヤビッグボックス高田馬場店
☎03-5155-3990

あいうえお
かきくけこ
さしすせそ
たちつてと
なにぬねの
はひふへほ
まみむめも
やゆよ
らりるれろ
わを
ん

02

はじめまして。

처음뵙겠습니다.

김태호입니다.

이쪽으로 오세요.

그건 제 가방입니다.

여기는 학교가 아니에요.

説明(せつめい)と練習(れんしゅう)

❶ 次(つぎ)の単語(たんご)を読(よ)んでみましょう。

1 つくえ	2 いす	3 かばん	4 えんぴつ	5 本(ほん)
6 財布(さいふ)	7 携帯電話(けいたいでんわ)	8 めがね	9 くつ	10 何(なに)(何(なん))
11 学校(がっこう)	12 教室(きょうしつ)	13 学食(がくしょく)	14 建物(たてもの)	15 学生会館(がくせいかいかん)
16 図書館(としょかん)	17 お手洗(てあら)い	18 私(わたし)	19 あなた	20 伊東(いとう)さん
21 学生(がくせい)	22 先生(せんせい)	23 友(とも)だち	24 彼(かれ)	25 彼女(かのじょ)
26 韓国人(かんこくじん)	27 日本人(にほんじん)	28 中国人(ちゅうごくじん)	29 人(ひと)	30 誰(だれ)

練習(れんしゅう)してみましょう ❶

▸ これは日本語(にほんご)で何(なん)ですか。

❷ あいさつ

▸ 다음 인사말을 읽어 봅시다.

① 
はじめまして。キム・テホです。どうぞよろしくお願(ねが)いします。
—こちらこそ。よろしくお願(ねが)いします。

② 
おはようございます。
—おはようございます。

③ 
こんにちは。
—こんにちは。

④ 
こんばんは。
—こんばんは。

⑤ 
どうもありがとうございます。
—いいえ、どういたしまして。

⑥ 
お元気(げんき)ですか。
—はい、お陰(かげ)さまで、元気(げんき)です。

⑦ 
山田(やまだ)さん、お久(ひさ)しぶりですね。
—はい、久(ひさ)しぶりですね。

⑧ 

それじゃ、さようなら。
— さようなら。
— また、あした。
— また来週(らいしゅう)、お会(あ)いします。

⑨ 

どうぞ。
— いただきます。

— ごちそうさまでした。

⑩ 

行(い)ってきます。
— いっていらっしゃい。

⑪ 

ただいま。
— お帰(かえ)りなさい。

⑫ 

お休(やす)みなさい。
— お休(やす)み。

⑬ 

あの、すみません。
— はい。

練習(れんしゅう)してみましょう ❷

▸ 다음 그림을 보고 장면에 적합한 인사말을 연습해 보세요.

①

②

③

④

⑤

⑥

⑦

⑧

⑨

⑩

⑪

⑫

⑬

❸ 私(わたし)は大学生(だいがくせい)です。

▸「～です」는 우리말로 '～입니다.' '～예요'라고 해석합니다.

1 私(わたし)は韓国人(かんこくじん)です。

2 これはつくえです。

3 あの人(ひと)は伊東(いとう)さんです。

4 彼(かれ)は日本人(にほんじん)ですか。

—はい、日本人(にほんじん)です。

—いいえ、韓国人(かんこくじん)です。

5 教室(きょうしつ)はどこですか。

—あそこです。

6 学食(がくしょく)はどちらですか。

—あちらです。

7 こちらは林(はやし)さんです。

説明(せつめい)と練習(れんしゅう)

覚(おぼ)えましょう

	物事(ものごと)	場所(ばしょ)	方向(ほうこう)	名詞修飾(めいししゅうしょく)
こ	これ	ここ	こちら	この
そ	それ	そこ	そちら	その
あ	あれ	あそこ	あちら	あの
ど	どれ	どこ	どちら	どの

❹ 韓国(かんこく)のキムさんです。

▸ 소유나 소속, 속성을 나타내는 조사「の」입니다. 우리말로 '~의'라고 해석합니다.

1. こちらは韓国(かんこく)のキムさんです。
2. こちらは私(わたし)の友(とも)だちです。
3. これはキムさんのつくえですか。
   —はい、そうです。
4. キムさんのつくえはこれですか。
   —いいえ、違(ちが)います。あれです。

❺ それは私(わたし)のです。

▸ 같은 명사의 반복을 피하기 위하여, 또는 대화 당사자 간에 서로 알고 있는 사항을 생략하고 싶을 때 쓰는「の」입니다. 우리말로 '~(의) 것'이라고 해석합니다.

1 これは誰(だれ)のめがねですか。

— それは私(わたし)のです。

2 このかばんは誰(だれ)のですか。

—そのかばんは先生(せんせい)のです。

3 伊東(いとう)さん、これは伊東(いとう)さんの時計(とけい)ですか。

—いいえ、吉川(よしかわ)さんのです。

6 それは日本語(にほんご)の本(ほん)です。

▸ 명사와 명사를 이어 복합명사를 만들 때 일본어에서는 「～の～」의 형태로 쓰는 경우가 많습니다. 우리말로 해석하지 않는 것이 자연스럽습니다.

1 これは何(なん)ですか。—それは日本語(にほんご)の本(ほん)です。

2 彼女(かのじょ)は中国語(ちゅうごくご)の先生(せんせい)です。

3 あの建物(たてもの)は学校(がっこう)の図書館です。

4 あの、すみませんが、ここは地下鉄(ちかてつ)の駅(えき)ですか。

7 私(わたし)のかばんではありません。

▸ 명사문의 부정형입니다. 명사에 「では(じゃ)ありません(ないです)」를 붙입니다. 우리말로 '~이(가) 아닙니다'로 해석하면 대체로 적당합니다.

1 それは私(わたし)のかばんではありません。

2 このえんぴつは私(わたし)のではありません。

3 ここは学校(がっこう)ではありません。

4 私(わたし)は日本人(にほんじん)ではありません。

本文

山田さんがキムさんと大学の食堂で同じ学科の伊東さんに出くわしました。

겐타씨가 태호씨와 대학 식당에서 같은 학과의 미사키씨를 우연히 만났습니다.

track-21

山田健太　あ、伊東さん。

伊東美咲　あら、山田さん、お久しぶりですね。

山田健太　はい、久しぶりですね。

こちらは韓国のキムさん。友だちです。

キム・テホ　はじめまして。キム・テホです。

どうぞよろしくお願いします。

伊東美咲　こんにちは。伊東美咲です。よろしくお願いします。

キム・テホ　こちらへどうぞ。

伊東美咲　はい、ありがとうございます。

話し合ってみましょう

- '説明と練習'에서 제시된 인사말 이외에 일상에서 많이 쓰이는 인사말을 조사해 봅시다.
- 우리가 일상에서 자주 쓰는 인사말을 떠올려 보고 일본어의 인사말과 비교해 봅시다.

聞き取りと書き取り

track-22

1 다음 대화를 듣고 그림을 연결해 보세요.

(a)

① 李

(c)

(b)

② 市川(いちかわ)

(d)

2 다음 대화를 듣고 빈칸에 단어를 쓰세요.

① あなたは＿＿＿＿＿＿＿＿＿＿ですか。

② ＿＿＿＿＿＿＿＿＿＿よろしくお願(ねが)いします。

③ 市川(いちかわ)さんは日本語(にほんご)＿＿＿＿＿＿＿＿＿＿先生(せんせい)ですか。

④ 李(イ)さんは＿＿＿＿＿＿＿＿＿＿ですか。

3 다음 대화내용을 그림과 연결시켜 보세요.

①　　　②　　　③　　　④

(a)

(b)

(c)

(d)

この場面(ばめん)

출처. PhotoAC

출처. PhotoAC

출처. fliker_hiroakisakuma

출처. PhotoAC

출처. (주)통로 이미지

출처. (주)통로 이미지

03

ホットコーヒーとチーズケーキ

カタカナ

캬라멜 바닐라 카프치노 주세요.

예, 알겠습니다.

잠시 기다려 주십시오.

説明(せつめい)と練習(れんしゅう)

❶ 가타카나(カタカナ) 익히기

track-23

ア [a 아]	イ [i 이]	ウ [u 우]	エ [e 에]	オ [o 오]

アイスクリーム	**イギリス**	**ウイスキー**	**エレベーター**	**オムレツ**
[아이스크리–무]	[이기리스]	[우이스끼–]	[에레베–따–]	[오무레쯔]
아이스크림	영국	위스키	엘리베이터	오믈렛

track-24

カ [ka 카]	キ [ki 키]	ク [ku 쿠]	ケ [ke 케]	コ [ko 코]

カーテン	**キー**	**クッキー**	**ケーキ**	**コート**
[카-텡]	[키-]	[쿡끼-]	[케-키]	[코-토]
커튼	열쇠	쿠키	케이크	코트

track-25

ガ [ga 가]	ギ [gi 기]	グ [gu 구]	ゲ [ge 게]	ゴ [go 고]
	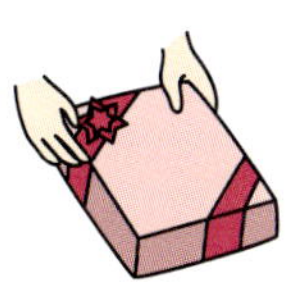			
ガム	**ギフト**	**グラス**	**ゲーム**	**ゴルフ**
[가무]	[기후또]	[구라스]	[게-무]	[고루후]
껌	선물	잔	게임	골프

読んでみましょう ❶

① カー　② キウイ　③ クッキー　④ ケーキ　⑤ ココア　⑥ エゴ

説明(せつめい)と練習(れんしゅう)

track-26

サ [sa 사]

サッカー
[삭카−]
축구

シ [shi 시]

シャツ
[샤츠]
셔츠

ス [su 스]

スイッチ
[스잇치]
스위치

セ [se 세]

セーター
[세−타−]
스웨터

ソ [so 소]

ソーセージ
[소−세−지]
소세지

track-27

ザ [za 자]

マザー
[마자−]
엄마

ジ [zi 지]

ジャズ
[쟈즈]
재즈

ズ [zu 즈]

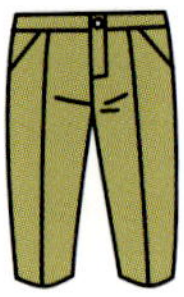

ズボン
[즈봉]
바지

ゼ [ze 제]

ゼロ
[제로]
제로, 영

ゾ [zo 조]

ゾーン
[조−ㄴ]
존, 지역

読(よ)んでみましょう ❷

① サーカス　② シーソー　③ スキー　④ コース　⑤ ケース　⑥ ソーセージ

track-28

タ [ta 타]	チ [chi 치]	ツ [tsu 츠]	テ [te 테]	ト [to 토]

タクシー [타쿠시-] 택시	チキン [치낑] 치킨	ツアー [츠아-] 투어	テレビ [테레비] 텔레비전	トマト [토마또] 토마토

track-29

ダ [da 다]	ヂ [zi 지]	ヅ [zu 즈]	デ [de 데]	ド [do 도]

ダンス [단스] 댄스			デザート [데자-또] 디저트	ドーナツ [도-나쯔] 도넛

読(よ)んでみましょう ❸

① タッチ　② チケット　③ ツアー　④ テスト　⑤ サイト

⑥ ガイド　⑦ チーズ　⑧ デート　⑨ カード　⑩ スーツ

説明と練習

track-30

ナ [na 나]

ナイフ
[나이후]
나이프

ニ [ni 니]

テニス
[테니스]
테니스

ヌ [nu 누]

カヌー
[카누-]
카누

ネ [ne 네]

ネクタイ
[네쿠따이]
넥타이

ノ [no 노]

ノート
[노-또]
노트

読んでみましょう ❹

① ナイト	② ニット	③ テニス	④ ネクタイ	⑤ ノック
⑥ カナダ	⑦ ノイズ	⑧ ノート	⑨ カヌー	⑩ ネット

track-31

ハ [ha 하]

ハイキング
[하이킹구]
하이킹

ヒ [hi 히]

コーヒー
[코-히-]
커피

フ [hu 후]

フィルム
[휘루무]
필름

ヘ [he 헤]

ヘルメット
[헤루멧또]
헬멧

ホ [ho 호]

ホテル
[호테루]
호텔

track-32

バ[ba 바]	ビ[bi 비]	ブ[bu 부]	ベ[be 베]	ボ[bo 보]

バナナ	**ビール**	**ブーツ**	**ベルト**	**ボール**
[바나나]	[비–루]	[부–쯔]	[베루또]	[보–루]
바나나	맥주	부츠	벨트	공

track-33

パ[pa 파]	ピ[pi 피]	プ[pu 푸]	ペ[pe 페]	ポ[po 포]

パフェ	**ピアノ**	**プリン**	**ペンキ**	**ポスト**
[파훼]	[피아노]	[푸링]	[펭끼]	[포스또]
파르페	피아노	푸딩	페인트	우체통

読(よ)んでみましょう ⑤

① ハート　② コーヒー　③ ナイフ　④ ピアノ　⑤ ビジネス

⑥ ポスター　⑦ パスタ　⑧ ピザ　⑨ ホットドッグ　⑩ サポート

説明(せつめい)と練習(れんしゅう)

track-34

マ [ma 마]

マスク
[마스크]
마스크

ミ [mi 미]

ミルク
[미루꾸]
우유

ム [mu 무]

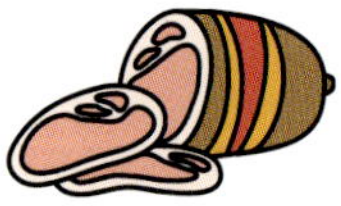

ハム
[하무]
햄

メ [me 메]

メロン
[메롱]
멜론

モ [mo 모]

モデル
[모데루]
모델

読(よ)んでみましょう ⑥

① マウス　② ミニマム　③ ムード　④ メモ
⑤ デジカメ　⑥ マスク　⑦ マイクロソフト　⑧ テーマパーク
⑨ メッセージ　⑩ ボードゲーム

track-35

ヤ [ya 야]

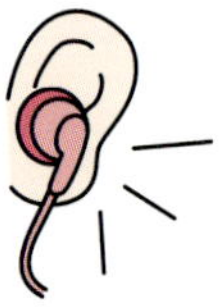

イヤホン
[이야홍]
이어폰

ユ [yu 유]

ユニホーム
[유니호-무]
유니폼

ヨ [yo 요]

ヨット
[욧또]
요트

読(よ)んでみましょう ⑦

① ユーモア　② ヨーガ　③ ニュース　④ ジュース　⑤ ニューヨーク

track-36

ラ [ra 라]

ラーメン
[라–멩]
라면

リ [ri 리]

リボン
[리봉]
리본

ル [ru 루]

ビル
[비루]
건물

レ [re 레]

レモン
[레몽]
레몬

ロ [ro 로]

ロボット
[로봇또]
로봇

読(よ)んでみましょう ⑧

① エスプレッソ　② ロボット　③ アプリ　④ ビリヤード　⑤ コーラ
⑥ サービスエリア　⑦ トイレ　⑧ ブログ　⑨ リラックス　⑩ カレー

track-37

ワ [wa 와]

ワイン
[와잉]
와인

ヲ [o 오]

ン [n 응]

パン
[팡]
빵

読(よ)んでみましょう ⑨

① ワイン　② インターネット　③ ダウンロード　④ コンビニ　⑤ ラーメン
⑥ シャンプー　⑦ ジャンプ　⑧ パソコン　⑨ ボールペン　⑩ ワイシャツ

説明と練習

② 외래어 표기의 다양한 방법

▸ 외래어를 가타카나로 표기할 때는 'ャ・ュ・ョ'이외에도 모음 'ア・イ・ウ・エ・オ'를 'ァ・ィ・ゥ・ェ・ォ'와 같이 작게 표기합니다. 'ャ・ュ・ョ'와 같이 앞의 글자와 함께 한 박으로 발음하면 됩니다. 또 순모음 'ウ'에 탁음을 붙여 표기하는 경우도 있습니다. 다음 단어를 읽어 보세요.

①ファイト (fight)	②ソファー (sofa)	③パーティー (party)	④ユーティリティー (utility)
⑤ディズニーランド (Deasneyland)	⑥メディア (media)	⑦チェック (check)	⑧カフェ (cafe)
⑨ソフトウェア (software)	⑩ミネラルウォーター (mineral water)	⑪フォーク (fork)	⑫インタヴュー (interview)

③ 장음표시

▸ 히라가나 표기와는 달리 단어를 가타카나로 표기할 때는 장음표시를 'ー'와 같이 해 줍니다. 장음표시가 있는 곳에서만 장음으로 읽습니다. 다음 단어를 읽어 보세요.

①スカーフ (scarf)	②カレンダー (calender)	③グループ (group)	④ハンガー (hanger)
⑤ビール (beer)	⑥スーパー (super)	⑦デパート (department store)	⑧ステーキ (steak)
⑨プール (pool)	⑩コピー (copy)	⑪ゲーム (game)	⑫メッセージ (message)

読(よ)んでみましょう ⑩

▸ 자신의 이름을 한자와 가타카나로 써 봅시다.

漢字(かんじ)____________________ カタカナ____________________

❹ ケーキ一(ひと)つ、お願(ねが)いします。

1 チーズケーキ一(ひと)つ、お願(ねが)いします。

2 チーズケーキ一(ひと)つでよろしいですか。

3 ハンバーガーとコーラのセット三(みっ)つ、お願(ねが)いします。

読(よ)んでみましょう ⑪

一つ	二つ	三つ	四つ	五つ	六つ	七つ	八つ	九つ	十	幾つ
ひとつ	ふたつ	みっつ	よっつ	いつつ	むっつ	ななつ	やっつ	ここのつ	とお	いくつ

本文

山田さんとキムさんがカフェへ行きました。カタカナで書いてあるメニューをキムさんが読んでいます。

겐타씨와 태호씨가 카페에 갔습니다. 가타카나로 쓰여 있는 메뉴를 태호씨가 읽고 있습니다.

track-38

店員　いらっしゃいませ。

山田健太　キャラメルバニラカプチーノ、お願いします。

キム・テホ　私はカフェラテとチーズケーキ、ください。

店員　キャラメルバニラカプチーノと、カフェラテと、チーズケーキでよろしいですか。

山田健太　はい。

店員　はい、かしこまりました。少々お待ちください。

HOT MENU

エスプレッソ	¥220（税込み）
エスプレッソマキャート	¥240（税込み）
エスプレッソコンパナ	¥240（税込み）
カフェラテ	¥280（税込み）
カプチーノ	¥280（税込み）
カフェモカ	¥320（税込み）
ロイヤルミルクティ	¥300（税込み）
キャラメルバニラカプチーノ	¥320（税込み）
カフェアメリカーノ	¥240（税込み）
ココア	¥310（税込み）
カフェクレーム	¥280（税込み）
スチームミルク	¥260（税込み）
ブレンドコーヒー	¥240（税込み）
ティー	¥270（税込み）

アイスカフェラテ	¥280（税込み）
アイスカプチーノ	¥310（税込み）
アイスカフェモカ	¥320（税込み）
アイスカフェアメリカーノ	¥240（税込み）
アイスロイヤルミルクティー	¥300（税込み）
アイスココア	¥310（税込み）
アイスミルク	¥260（税込み）
イタリアンソーダ	¥380（税込み）
オレンジジュース	¥310（税込み）
アイスコーヒー	¥240（税込み）
アイスティー	¥240（税込み）

話(はな)し合(あ)ってみましょう

- 본문의 카페메뉴 이외 가타카나로 된 간판, 메뉴이름 등을 조사해 봅시다.
- **スマホ、コンビニ** 등, 축약된 가타카나 단어를 조사해 보고, 우리말의 외래어 축약 표현과 비교해 봅시다.

聞き取りと書き取り

track-39

1 다음 발음을 듣고 단어를 완성해 보세요.

① ケ_______キ　　② サイ_______

③スー_______　　④ア_______リ

⑤ _______アノ　　⑥ _______ール

⑦ イ_______ターネット　　⑧ _______クタイ

2 다음 발음을 듣고 단어를 받아 써 보세요.

① ________________　　② ________________

③ ________________　　④ ________________

⑤ ________________　　⑥ ________________

⑦ ________________　　⑧ ________________

3 다음을 듣고 대화 속에 등장하는 단어에 해당하는 그림을 골라 연결하세요.

①　　②　　③

(a)

(b)

(c)

この場面(ばめん)

エスプレッソ ¥220(税込み)
エスプレッソマキャート ¥240(税込み)
エスプレッソコンパナ ¥240(税込み)
カフェラテ ¥280(税込み)
カプチーノ ¥280(税込み)
カフェモカ ¥320(税込み)
ロイヤルミルクティ ¥300(税込み)
キャラメルバニラカプチーノ ¥320(税込み)
カフェアメリカーノ ¥240(税込み)
ココア ¥310(税込み)
カフェクレーム ¥280(税込み)
スチームミルク ¥260(税込み)
ブレンドコーヒー ¥240(税込み)
Blended Coffee
Caramel Vanilla

アイスカフェラテ ¥280(税込み)
アイスカプチーノ ¥310(税込み)
アイスカフェモカ ¥320(税込み)
アイスカフェアメリカーノ ¥240(税込み)
アイスロイヤルミルクティー ¥300(税込み)
アイスココア ¥310(税込み)
アイスミルク ¥260(税込み)
イタリアンソーダ ¥380(税込み)
オレンジジュース ¥310(税込み)
アイスコーヒー ¥240(税込み)

マナーから、ルールへ。
そしてマナーへ
No Smoking
千代田区内は
路上喫煙禁止
です
※指定区域内では 罰則が適用されます。 千代田区

マナーモード
マナーモードに設定のうえ、
通話はご遠慮ください。

ひらくドアにご注意!
Please take care when the doors open.

04

辛(から)いラーメンが好(す)きです。

이 집 요리는 맛있어요.

라면은 간단한 요리입니다.

오늘은 바빠요.

그 빨간 가방은 야마다 씨의 것입니다.

説明と練習

❶ い形容詞

▶ 형용사란 사물의 상태 · 성질 · 심정 등을 나타내는 말입니다. 일본어에서는 형용사를 모양에 따라 「い형용사」와 「な형용사」의 2가지로 분류 합니다. い형용사는 어미가 い인 형용사를 말합니다.

おいしい　甘い　明るい　広い　赤い　大きい

❷ 韓国の料理はおいしい。⇨ 韓国の料理はおいしいです。

▶ 「い형용사」는 기본형이 보통체 술어가 되고, 「です」를 붙이면 정중체가 됩니다.

1 この店の料理はおいしい。⇨ この店の料理はおいしいです。
2 チョコレートは甘い。⇨ チョコレートは甘いです。
3 伊東さんは性格が明るい。⇨ 伊東さんは性格が明るいです。
4 日本語の教室は広い。⇨ 日本語の教室は広いです。

❸ おいしい料理。

▶ 「い형용사」는 문말에 있을 때와 명사 앞에서 명사를 수식할 때 모양이 같습니다.

1 お母さん、いつもおいしい料理、ありがとうございます。
2 夜は、甘いチョコレートはだめです。
3 伊東さんは明るい性格の人です。
4 その赤いかばんは山田さんのです。

④ 日本のラーメンは辛くないです。

▸「い형용사」의 부정형은 어미 ‘い’를 ‘く’로 바꾸고 ‘ない(정중체는 ないです)’를 붙인 모양입니다.

1 山田さんの学校は広いですか。 — はい、広いです。
2 日本のラーメンは辛いですか。 — いいえ、辛くないです。
3 山田さん、今日、忙しいですか。 — いいえ、忙しくないです。暇です。
4 ねえ、これ、かわいい？ — うん、かわいい。
5 日本語はどう？難しい？ — ううん、難しくない。おもしろい。

⑤ な形容詞

▸な형용사는 어미가 だ인 형용사를 말합니다. 어미를 제외한 어간은 명사입니다.

便利だ　　きれいだ　　静かだ　　有名だ　　にぎやかだ　　立派だ

⑥ この野菜は新鮮だ。 ⇨ この野菜は新鮮です。

▸「な형용사」는 기본형이 보통체 술어가 되고, 어미「だ」대신「です」를 붙이면 정중체가 됩니다.

1 この店の野菜は新鮮だ。⇨ この店の野菜は新鮮です。
2 夜は、チョコレートはだめだ。⇨ 夜は、チョコレートはだめです。
3 伊東さんはいつも元気だ。⇨ 伊東さんはいつも元気です。
4 日本語の教室はきれいだ。⇨ 日本語の教室はきれいです。

説明と練習

⑦ 新鮮な料理。

▶「な형용사」는 명사를 수식할 때 어미의 모양이 「な」로 바뀝니다.

1 お母さん、いつも新鮮な料理、ありがとうございます。
2 ラーメンは簡単な料理です。
3 伊東さんは元気な人です
4 新鮮な野菜はおいしいです。

⑧ 私の部屋はきれいではありません。

▶「な형용사」를 부정할 때는 어미 「だ」를 「では」로 바꾼 후 「ありません」을 붙입니다.

1 山田さんの学校は静かですか。 — はい、静かです。
2 キムさんの部屋はきれいですか。 — いいえ、きれいではありません。
3 山田さん、おすしの作り方は簡単ですか。
— いいえ、簡単ではありません。
4 ねえ、彼女、元気？ — うん、元気。
5 新しい彼氏はどう？ハンサム？ — ううん、あまりハンサムではない。
でも優しい。

まとめてみましょう

형용사의 활용1(비과거형)

	い형용사		な형용사	
	긍정	부정	긍정	부정
보통체	おいしい	おいしくない	新鮮だ	新鮮ではない (＝じゃ)
정중체	おいしいです	おいしくないです おいしくありません	新鮮です	新鮮ではないです 新鮮ではありません

⑨ おもしろい店(みせ)ですね。

▸ 종조사「ね」는 상대방과의 대화내용을 확인하거나 공감을 표현할 때 많이 씁니다.

1 A ここのラーメンはおいしいですね。
B そうですね。おいしいですね。

2 A おはようございます。いい天気(てんき)ですね。
B そうですね。

3 A この本(ほん)、難(むずか)しいでしょう。
B うん、本当(ほんとう)に難(むずか)しいですね。

4 A このケーキ、おいしいですね。
B はい、おいしいですね。

おもしろい店(みせ)ですよ。

▸ 종조사「よ」는 상대방에게 자신의 의견을 어필할 때 많이 씁니다.

1 A ここのラーメンはおいしいですか。
B おいしいですよ。

2 A 東京(とうきょう)は雨(あめ)です。ソウルも雨(あめ)でしょう。
B いいえ、ソウルはいい天気(てんき)ですよ。

3 A この本(ほん)、易(やさ)しいでしょう。
B ええ？難(むずか)しいですよ。

4 A 私(わたし)、甘(あま)い物(もの)は苦手(にがて)ですが。
B 大丈夫(だいじょうぶ)ですよ。ここのケーキは甘(あま)くないですよ。

⑩ 私(わたし)は辛(から)いラーメンが好(す)きです。

1 伊東(いとう)さん、好(す)きな果物(くだもの)は何(なん)ですか。—私(わたし)はりんごが好(す)きです。
2 私(わたし)は虫(むし)が嫌(きら)いです。特(とく)に足(あし)が多(おお)い虫(むし)は大嫌(だいきら)いです。
3 私(わたし)はたばこの煙(けむり)が苦手(にがて)です。
4 水泳(すいえい)、上手(じょうず)ですか。—いいえ、好(す)きですが、下手(へた)です。

説明(せつめい)と練習(れんしゅう)

練習(れんしゅう)してみましょう ①

1 예와 같이 다음 「い형용사」의 부정형을 써 보세요.

예

おいしい

→ おいしくないです

甘(あま)い

→

辛(から)い

→

広(ひろ)い

→

狭(せま)い

→

大(おお)きい

→

小(ちい)さい

→

易(やさ)しい

→

難(むずか)しい

→

おもしろい

→

赤(あか)い

→

かわいい

→

良(い)い

→

明(あか)るい

→

忙(いそが)しい

→

2 위 「い형용사」를 이용하여 예와 같이 자유롭게 이야기해 보세요.

예

練習(れんしゅう) 1．　キムチはおいしいです。

練習(れんしゅう) 2．　日本(にほん)のキムチは辛(から)いですか。―いいえ、日本(にほん)のキムチは辛(から)くないです。

練習(れんしゅう)してみましょう ❷

1 예와 같이 다음 「な형용사」의 부정형을 써 보세요.

예

便利(べんり)だ

→ 便利(べんり)ではありません。

きれいだ

→

有名(ゆうめい)だ

→

にぎやかだ

→

新鮮(しんせん)だ

→

立派(りっぱ)だ

→

丈夫(じょうぶ)だ

→

元気(げんき)だ

→

ハンサムだ

→

だめだ

→

大丈夫(だいじょうぶ)だ

→

暇(ひま)だ

→

好(す)きだ

→

嫌(きら)いだ

→

上手(じょうず)だ

→

得意(とくい)だ

→

簡単(かんたん)だ

→

苦手(にがて)だ

→

下手(へた)だ

→

2 위 「な형용사」를 이용하여 예와 같이 자유롭게 이야기해 보세요.

예

練習(れんしゅう)1．エスカレーターは便利(べんり)です。

練習(れんしゅう)2．あなたの部屋(へや)はきれいですか。─いいえ、あまりきれいではありません。

本文(ほんぶん)

山田(やまだ)さんがキムさんを連(つ)れておもしろいラーメン屋(や)に行(い)きました。

겐타씨가 태호씨를 데리고 재미있는 라면집에 갔습니다.

track-40

キム・テホ　へえ、ここは図書館(としょかん)ですか、ラーメン屋(や)ですか。

山田健太(やまだけんた)　ハッハッハ。図書館(としょかん)ではありません。

ラーメン屋(や)です。

キム・テホ　おもしろい店(みせ)ですね。

山田健太(やまだけんた)　おいしいですよ。

ほら、ここにチェック。

キム・テホ　はい。うす味(あじ)、青(あお)ねぎ、チャーシュー……。

これでオッケーですか。便利(べんり)ですね。

ここには辛(から)いラーメンもありますか。

山田健太(やまだけんた)　ありますよ。キムさんは辛(から)いラーメンが好(す)きですか。

キム・テホ　はい。大好(だいす)きです。

話し合ってみましょう

▸ 본문의 카페메뉴 이외 가타카나로 된 간판, 메뉴이름 등을 조사해 봅시다.

豚骨ラーメン	塩ラーメン
醤油ラーメン	味噌ラーメン

▸ どんぶり、お好み焼き、たこ焼き、すし、おでん 등, 관심있는 일본의 음식에 대해 조사해 봅시다.

聞き取りと書き取り

track-41

1 다음 설명을 듣고 알맞은 그림을 찾아 체크하세요.

①

(a)

(b)

(c)

②

(a)

(b)

(c)

2 다음 대화를 듣고 해당하는 그림에 체크하세요.

①

(a)

(b)

②

(a)

(b)

(c)

3 다음 질문을 듣고 부정형으로 답해 보세요.

① いいえ、＿＿＿＿＿＿＿＿＿＿。日本人です。

② いいえ、＿＿＿＿＿＿＿＿＿＿。狭いです。

③ いいえ、＿＿＿＿＿＿＿＿＿＿。鈴木さんはいつも忙しいです。

④ いいえ、＿＿＿＿＿＿＿＿＿＿。

この場面(ばめん)

출처. fliker_skas0203

출처. fliker_yto

출처. fliker_ladyous

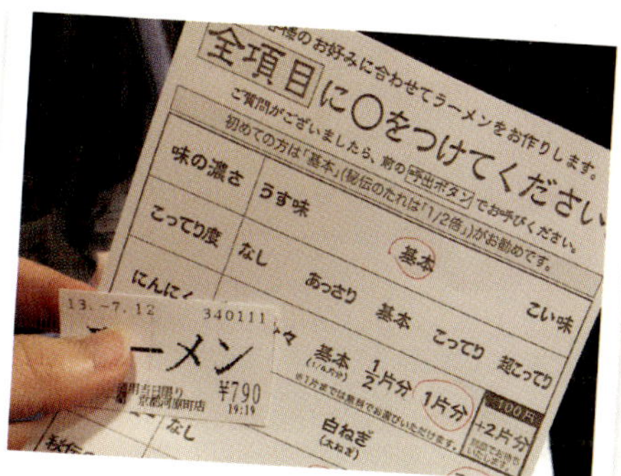

출처. fliker_k835136

출처. fliker_ryumu

출처. fliker_21865565@N07

05

神保町(じんぼうちょう)で伊東(いとう)さんに会(あ)う。

아침 6시에 일어난다.

친구와 까페에서 이야기를 한다.

도서관에서 공부를 한다.

식당은 밥을 먹는 곳입니다.

説明(せつめい)と練習(れんしゅう)

❶ 動詞(どうし)とは。

▸ 동사란 움직임이나 동작을 나타내는 뜻을 가진 단어를 말합니다. 일본어의 동사는 어미가 'ウ' 모음의 글자(う・く・ぐ・す・つ・ぬ・ぶ・む・る)입니다.

習(なら)う　行(い)く　泳(およ)ぐ　話(はな)す　待(ま)つ　死(し)ぬ　遊(あそ)ぶ　読(よ)む　食(た)べる

❷ 助詞(じょし)「を」

▸ 동작이나 작용의 목적, 대상을 나타냅니다. 우리말로 '~을/를'이라 해석하면 대체로 적당합니다.

1 本(ほん)を読(よ)む。
2 日本語(にほんご)を習(なら)う。
3 地下鉄(ちかてつ)を待(ま)つ。
4 ごはんを食(た)べる。
5 メールを書(か)く。

❸ 助詞(じょし)「に」

▸ 이동의 도착점, 시각을 나타냅니다. 우리말로 '~에'로 해석하면 대체로 적당하지만 어울리지 않는 경우도 있으므로 주의가 필요합니다.

1 部屋(へや)に入(はい)る。
2 いすに座(すわ)る。
3 ６時(じ)に起(お)きる。
4 友(とも)だちに会(あ)う。
5 バスに乗(の)る。

覚えましょう

時	1時	2時	3時	4時	5時	6時	何時
	いちじ	にじ	さんじ	よじ	ごじ	ろくじ	なんじ
	7時	8時	9時	10時	11時	12時	
	しちじ	はちじ	くじ	じゅうじ	じゅういちじ	じゅうにじ	
分	1分	2分	3分	4分	5分	6分	何分
	いっぷん	にふん	さんぷん	よんぷん (よんふん)	ごふん	ろっぷん	なんぷん
	7分	8分	9分	10分	20分	30分	
	ななふん	はっぷん (はちふん)	きゅうふん	じゅっぷん (じっぷん)	にじゅっぷん (にじっぷん)	さんじゅっぷん (さんじっぷん)	

❹ 助詞「へ」

▸ 동작이 향하는 방향, 장소, 상대방을 나타냅니다. 우리말로 '~에, ~로, ~를 향해'등으로 해석합니다.

1 会社へ行く。
2 学校へ来る。
3 家へ帰る。
4 キムさんから山田さんへのメール。
5 A：こちらへどうぞ。　　B：はい、ありがとうございます。

❺ 助詞(じょし)「で」

▸ 동작이나 작용의 장소를 나타냅니다. '~에서'라고 해석하면 대체로 적당합니다.

1. プールで泳(およ)ぐ。
2. 図書館(としょかん)で勉強(べんきょう)をする。
3. 学食(がくしょく)でごはんを食(た)べる。
4. 地下鉄(ちかてつ)の駅(えき)で地下鉄(ちかてつ)を待(ま)つ。
5. カフェで友(とも)だちと話(はな)す。
6. 公園(こうえん)で散歩(さんぽ)をする。

❻ ごはんを食(た)べる所(ところ)

▸ 동사가 명사를 수식하는 경우입니다. い형용사와 마찬가지로 문말에 있을 때와 명사 앞에서 명사를 수식할 때 모양이 같습니다.

1. 食堂(しょくどう)はごはんを食(た)べる所(ところ)です。
2. 会社(かいしゃ)は仕事(しごと)をする所(ところ)です。
3. 日本語(にほんご)の先生(せんせい)は日本語(にほんご)を 教(おし)える人(ひと)です。
4. 明日(あした)、一緒(いっしょ)に行(い)く人(ひと)は誰(だれ)ですか。
5. 明日(あした)は学校(がっこう)へ行(い)く日(ひ)です。

練習(れんしゅう)してみましょう ❶

▸ 다음 페이지(p.76~77)를 참고하여 예)와 같이 물음에 답해 보세요.

예 食堂(しょくどう)はどんな所(ところ)ですか。	食堂(しょくどう)はごはんを食(た)べる所(ところ)です。
① 図書館(としょかん)はどんな所(ところ)ですか。	
② 教室(きょうしつ)はどんな所(ところ)ですか。	
③ カフェはどんな所(ところ)ですか。	
④ プールはどんな所(ところ)ですか。	
⑤ 停留所(ていりゅうじょ)はどんな所(ところ)ですか。	
⑥ 映画館(えいがかん)はどんな所(ところ)ですか。	
⑦ 喫煙場所(きつえんばしょ)はどんな所(ところ)ですか。	
⑧ カラオケボックスはどんな所(ところ)ですか。	

❼ 食堂(しょくどう)がある。

▸ 우리말의 '있다'에 해당하는 일본어에는 「いる」「ある」가 있습니다. 자기의지로 움직일 수 있는 동물이나 사람은 「いる」, 식물이나 물건 등은 「ある」를 사용합니다.

1 教室(きょうしつ)につくえがある。
2 食堂(しょくどう)は学生会館(がくせいかいかん)にある。
3 好(す)きな人(ひと)がいる。
4 日本人(にほんじん)の友(とも)だちがいる。

説明(せつめい)と練習(れんしゅう)

練習(れんしゅう)してみましょう ❷

▶ 다음 어휘를 사용하여 내일의 하루 일정을 말해 보세요.

朝(あさ)、起(お)きる

ごはんを食(た)べる

歯(は)を磨(みが)く

着替(きが)える

バスに乗(の)る

会社(かいしゃ)へ行(い)く

コーヒーを飲(の)む

駅(えき)まで歩(ある)く

地下鉄(ちかてつ)を待(ま)つ

歌(うた)を歌(うた)う

友(とも)だちに会(あ)う

子犬(こいぬ)と遊(あそ)ぶ

映画(えいが)を見(み)る

音楽(おんがく)を聞(き)く

先生(せんせい)と話(はな)す

友(とも)だちが家(うち)へ来(く)る

手を洗う

図書館で勉強をする

プールで泳ぐ

メールを書く

写真を撮る

本を買う

家へ帰る

お風呂に入る

日本語を習う

たばこを吸う

新聞を読む

寝る

学生がいる

かばんがある

本文

キムさんが明日のスケジュールをメモしました。キムさんは明日、どこで誰に会う予定でしょうか。

태호씨가 내일 스케줄을 메모했습니다. 태호씨는 내일 어디에서 누구를 만날 예정일까요. track-42

明日の計画

1．12：00、簡単な昼ごはんを食べる。

2．12：30、家を出る。

3．12：50、地下鉄に乗る。

4.　1：30、神保町駅で伊東さんに会う。

それから古本屋で本を買う。(必要な本：日本の小説)

5.　4：00、三省堂書店で山田さんと待ち合わせ。

検索画面

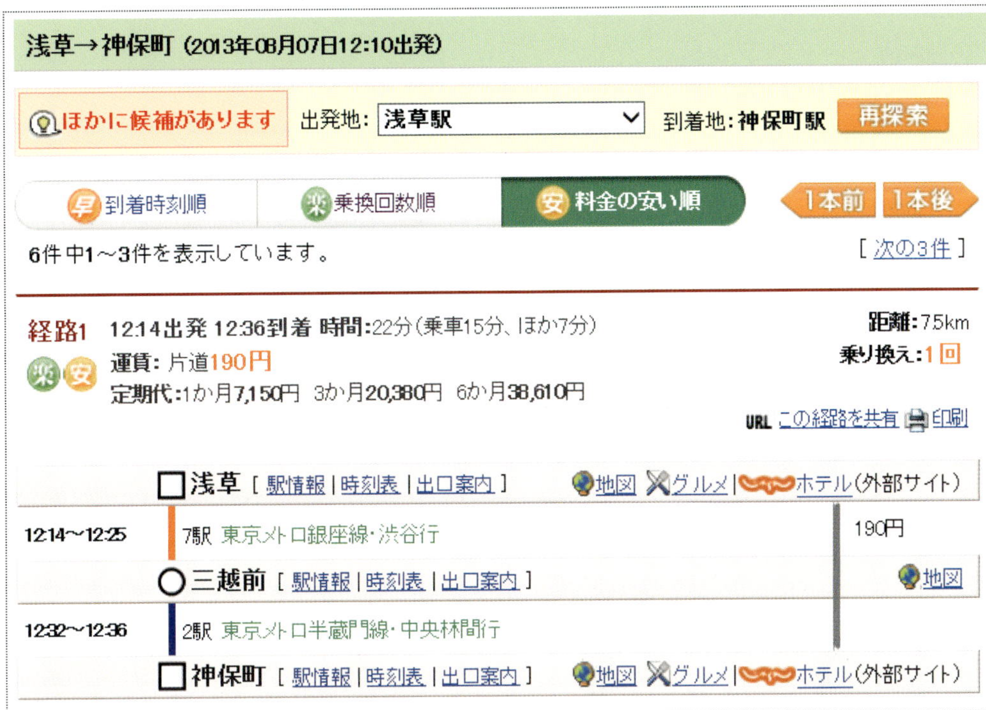

調べてみましょう

- 우에노역(上野駅)에서 진보초(神保町)까지 지하철을 갈아타고 가는 방법을 조사해 봅시다.
- 자신이 가보고 싶은 일본의 여행지를 찾아 교통편에 대해 조사해 봅시다.

聞(き)き取(と)りと書(か)き取(と)り

track-43

1 다음을 듣고 그림과 연결시켜 보세요.

①

②

③

④

(a)

(b)

(c)

(d)

2 다음을 듣고 그림을 순서대로 나열 해 보세요.

① 

② 

③ 

④ 

〈 순서 : → → → 〉

3 다음을 듣고 알맞은 히라가나를 넣으세요.

① 学食(がくしょく)＿＿＿＿＿ごはんを食(た)べる。

② 会社(かいしゃ)＿＿＿＿＿行(い)く。

③ 部屋(へや)＿＿＿＿＿入(はい)る。

④ コーヒー＿＿＿＿＿飲(の)む。

⑤ 友(とも)だち＿＿＿＿＿会(あ)う。

この場面(ばめん)

06

ポスターにはミッションがありました。

이 말을 일본어로
어떻게 하지요?

점심밥은 학교에서 친구와 먹습니다.

일요일에는 아무도 만나지 않습니다.

어제는 집에 있었습니다.

POWER RANGER

説明と練習

❶ 動詞の分類

▶ 동사는 모양에 따라 3가지로 분류합니다. 다음 설명에 따라 각 동사의 모양을 비교해 보세요.

1) 上一段、下一段活用動詞(상1단, 하1단 활용동사)

1 上一段活用動詞(상1단 활용동사)

▶「る」로 끝나는 동사 중에서「る」앞의 글자가 상1단(イ段)인 동사를 말합니다. 상1단에서만 활용이 일어나며, 하1단 동사와 함께 2그룹 동사라고도 합니다.

起きる(일어나다)　見る(보다)　落ちる(떨어지다)　降りる(내리다)

2 下一段活用動詞(하1단 활용동사)

▶「る」로 끝나는 동사 중에서「る」앞의 글자가 하1단(エ段)인 동사를 말합니다. 하1단에서만 활용이 일어나며 상1단 동사와 함께 2그룹 동사라고도 합니다.

食べる(먹다)　寝る(자다)　掛ける(걸다)　遅れる(늦다)

2) 五段活用動詞(5단 활용 동사)

▶ 상1・하1단 활용 동사와 변격활용 동사를 제외한 모든 동사를 말합니다. 5단에 걸쳐 활용이 일어나며 1그룹 동사라고도 합니다.

会う(만나다)　行く(가다)　泳ぐ(수영하다)　話す(얘기하다)
待つ(기다리다)　死ぬ(죽다)　遊ぶ(놀다)　飲む(마시다)
上がる(오르다)　売る(팔다)　怒る(화내다)

3) 変格活用動詞(변격활용 동사)

▶ 두 개의 동사가 있습니다. 불규칙한 활용을 하며 3그룹 동사라고도 합니다.

来る(오다)　する(하다)

練習してみましょう ❶

▸ 다음 동사를 예와 같이 분류해 보세요.

예 起きる 상1단	話す	磨く	する	乗る	行く
会う	泳ぐ	待つ	歌う	飲む	遊ぶ
見る	聞く	帰る	来る	洗う	歩く
書く	着替える	買う	入る	寝る	吸う
読む	座る	習う	掛ける	食べる	撮る

❷ 動詞のます形 (동사의 ます형)

▸ 동사를 정중형으로 만들 때「ます」를 붙입니다. 다음 설명에 따라 「ます」를 붙여 보세요.

1 上一段、下一段活用動詞：어미 る를 떼어내고 ます를 붙입니다.

起きる→起きます　見る→ ______　落ちる→ ______　降りる→ ______

食べる→ ______　寝る→ ______　掛ける→ ______　遅れる→ ______

2 五段活用動詞：ウ모음의 어미를 イ모음의 글자로 바꾼 후 ます를 붙입니다.

会う→会います　行く→ ______　泳ぐ→ ______　話す→ ______

待つ→ ______　死ぬ→ ______　遊ぶ→ ______　飲む→ ______

上がる→ ______　売る→ ______　怒る→ ______

3 変格活用動詞：활용된 모양을 외웁니다.

来る→来ます　する→します

説明と練習

練習してみましょう ❷

▶ 예와 같이 다음 동사에 「ます」를 붙여 보세요.

예 起きる → 起きます	食べる	磨く	する	乗る	行く
会う	泳ぐ	待つ	歌う	飲む	遊ぶ
見る	聞く	帰る	来る	洗う	歩く
書く	着替える	買う	入る	寝る	吸う
読む	座る	習う	掛ける	起きる	撮る

❸ 昼ごはんを食べます。

▶ 지난 과에서 배운 동사의 기본형과 이번 과에서 배우는 ます형은 비과거형(非過去形)을 나타내는 표현입니다.

1 毎朝、6時に起きます。
2 昼ごはんは学校で友だちと食べます。
3 金曜日は一日中授業があります。
4 明日は学校で日本語の授業を聞きます。
5 来週は中間テストがあります。

覚えましょう

曜日						
日	月	火	水	木	金	土

日					週				
一昨日	昨日	今日	明日	明後日	先々週	先週	今週	来週	再来週
月					**年**				
先先月	先月	今月	来月	再来月	一昨年 (いっさくねん)	去年 (昨年)	今年	来年	再来年

④ たばこを吸いますか。

▶ 정중체인「ます」의 부정형은「ません」입니다. 다음 대화를 통해 확인해 봅시다.

1 たばこを吸いますか。　—はい、吸います。
　—いいえ、吸いません。

2 朝は何を食べますか。　—普通、パンを食べます。
　—私は朝ごはんは食べません。

3 毎日どのくらい歩きますか。　—けっこう歩きます。
　—あまり歩きません。

4 日曜日は誰かに会いますか。　—大体、友だちに会います。
　—日曜日は誰にも会いません。

⑤ お昼は何を食べましたか。

▶ 정중체 과거형은「ました」, 정중체 과거부정형은「ませんでした」입니다. 예문을 통해 익혀봅시다.

1 お昼は何を食べましたか。　— ハンバーガーを食べました。
　— 何も食べませんでした。

2 昨日は何をしましたか。　— 公園で子犬と遊びました。
　— 家にいました。学校に来ませんでした。

3 週末は何をしましたか。　— 一日中図書館で勉強しました。
　— 何もしませんでした。ゆっくり休みました。

4 市川さんは教室にいましたか。　— はい、いました。
　— いいえ、市川さんはどこにもいませんでした。

5 昨日はどこかへ行きましたか。　— はい、友だちと池袋へ行きました。
　— いいえ、どこへも行きませんでした。

本文

週末の話 1

伊東さんと山田さん、キムさんが週末の話をしています。キムさんは東京メトロの一つである丸の内線に乗って回った話をしています。

미사키씨와 겐타씨, 태호씨가 주말 이야기를 하고 있습니다. 태호씨는 도쿄 메트로의 하나인 마루노우치선을 타고 몇 개의 역을 돌았던 이야기를 하고 있습니다.

track-44

伊東美咲	キムさん、土曜日は何をしましたか。
キム・テホ	丸の内線の駅を回りました。
伊東美咲	あ、そうですか。何かありましたか。
キム・テホ	池袋駅に「パワーレンジャー」のポスターがありました。
伊東美咲	戦隊もののことですか。 各駅にあるポスターの写真を撮る子供向けのイベントでしょう。
キム・テホ	そうです。 ポスターにはミッションがありました。 ミッションはポスターにあるキーワードを集めることです。

伊東美咲(いとうみさき)　キムさんは「パワーレンジャー」が好(す)きですか。

キム・テホ　はい、子供(こども)の時(とき)から大好(だいす)きです。

伊東美咲(いとうみさき)　へえ、おもしろい。

それで？ キーワードは全部(ぜんぶ)集(あつ)めましたか。

キム・テホ　いいえ、少(すこ)しだけです。でも途中(とちゅう)で「パワーレンジャー」の大人(おとな)のファンにも会(あ)いました。

伊東美咲(いとうみさき)　ああ、いわゆる「おタク」の人(ひと)でしたか。

キム・テホ　はい。「パワーレンジャー」の話(はなし)をしました。

一緒(いっしょ)に写真(しゃしん)も撮(と)りました。ほら、これ。

話(はな)し合(あ)ってみましょう

- 「お宅(たく)」, 「ひきこもり」라는 단어의 의미를 알아보고 '사회현상' 으로서의 「おタク」,「ひきこもり」에 대하여 조사해 봅시다.
- 지난 주말의 일과를 일본어로 말해 봅시다.

聞き取りと書き取り

track-45

1 다음을 듣고 그림과 연결시켜 보세요.

① ② ③ ④

(a)

(b)

(c)

(d)

2 다음 대화를 듣고 태호씨가 어제 한 일에 ○표, 하지 않은 일에 ×표 하세요.

① 
(　　)

② 
(　　)

③ 
(　　)

3 다음을 듣고 동사를 ます형으로 고쳐 보세요.

① 朝、7時に＿＿＿＿＿＿＿＿

② バスに＿＿＿＿＿＿＿＿

③ 友だちが家へ＿＿＿＿＿＿＿＿

④ プールで＿＿＿＿＿＿＿＿

⑤ 図書館で本を＿＿＿＿＿＿＿＿

この場面(ばめん)

출처. fliker_othree

출처. fliker_fukapon

출처. fliker_kanonn

출처. fliker_yosshi

출처. fliker_kaige

07

「浮世絵(うきよえ)」の色(いろ)は鮮(あざ)やかでした。

교통은 편리했습니다.

즐거운 하루 였습니다.

회전초밥은 비쌌습니다.

오전에는 추웠는데, 오후에는 별로 춥지 않았어요.

説明と練習

❶ 多かったです。／ 多くありませんでした。

▸「い형용사」의 과거형, 과거 부정형 정중체를 연습합니다. 과거형은 어간(어미 い를 제외한 부분)에「かったです」를 접속합니다. 과거 부정형은 어간에「くなかったです」를 접속합니다.

1 立派な作品が多かったです。
2 ある作品は怖かったです。
3 「浮世絵」は江戸時代には値段が安かったです。
4 若い時の父の写真を見ました。格好良かったです。
5 鈴木さんと一緒にお寿司を食べました。安くなかったです。
6 入場料は高かったですか。
— はい、高かったです。
— いいえ、高くなかったです。
7 東京は昨日、寒かったですか。
— 午前は寒かったですが、午後はあまり寒くなかったです。

❷ 暇でした。／ 暇ではありませんでした。

▸「な형용사」의 과거형, 과거 부정형 정중체를 연습합니다. 과거형은 어간(어미 だ를 제외한 부분)에「でした」를 접속합니다. 과거 부정형은 어간에「では(じゃ)ありませんでした」를 접속합니다.

1 作品はとても立派でした。
2 美術館は静かでした。
3 地下鉄に乗りました。交通は便利でした。
4 アニメ、好きですか。
— 昔は好きでしたが、今は好きではありません。
5 寿司はあまり新鮮じゃありませんでした。
6 この町は昔はにぎやかじゃありませんでした。
7 昨日は暇でしたか。
— はい、暇でした。
— いいえ、暇ではありませんでした。

まとめてみましょう

형용사의 활용1(과거형)

	い형용사		な형용사	
	긍정	부정	긍정	부정
보통체	おいしかった	おいしくなかった	新鮮(しんせん)だった	新鮮(しんせん)ではなかった (＝じゃ)
정중체	おいしかったです	おいしくなかったです おいしくありませんでした	新鮮(しんせん)でした	新鮮(しんせん)ではなかったです 新鮮(しんせん)ではありませんでした

❸ 静(しず)かな所(ところ)でした。／ 静(しず)かな所(ところ)ではありませんでした。

▸「명사」의 과거형, 과거 부정형 정중체를 연습합니다. 과거형은 명사에「でした」를 접속합니다. 과거 부정형은 명사에「では(じゃ)ありませんでした」를 접속합니다.

1 美術館(びじゅつかん)は静(しず)かな所(ところ)でした。
2 親(した)しい友(とも)だちと美術館(びじゅつかん)へ行(い)きました。楽(たの)しい一日(いちにち)でした。
3 さっきのバスは美術館行(びじゅつかんゆ)きではありませんでした。
4 彼女(かのじょ)は明(あか)るい人(ひと)ですが、昨日(きのう)はそうではありませんでした。
5 朝(あさ)からいろんなことがありました。長(なが)い一日(いちにち)でした。
6 スンウさんの友(とも)だちに会(あ)いました。とてもおもしろい人(ひと)でした。

❹ 入場料(にゅうじょうりょう)は安(やす)かったですが、後(あと)の食事(しょくじ)が高(たか)かったです。

1 回転寿司(かいてんずし)を食(た)べましたが、あまり新鮮(しんせん)ではありませんでした。
2 交通(こうつう)は便利(べんり)ですが、少(すこ)し歩(ある)きます。
3 怖(こわ)い作品(さくひん)もありましたが、とてもよかったです。
4 浮世絵(うきよえ)は江戸時代(えどじだい)には安(やす)かったですが、今(いま)は高(たか)いです。
5 北海道(ほっかいどう)の学校(がっこう)は、冬休(ふゆやす)みは長(なが)いですが夏休(なつやす)みは短(みじか)いです。
6 明日(あした)は土曜日(どようび)ですが、休(やす)みではありません。

説明(せつめい)と練習(れんしゅう)

練習(れんしゅう)してみましょう ①

1 예와 같이 다음 「い형용사」의 과거형을 써 보세요.

예

安(やす)い
→ 安(やす)かったです。
→ 安(やす)くなかったです。

高(たか)い
→
→

新(あたら)しい
→
→

古(ふる)い
→
→

楽(たの)しい
→
→

黒(くろ)い
→
→

黄色(きいろ)い
→
→

長(なが)い
→
→

短(みじか)い
→
→

優(やさ)しい
→
→

熱(あつ)い
→
→

冷(つめ)たい
→
→

暗(くら)い
→
→

少(すく)ない
→
→

多(おお)い
→
→

怖(こわ)い
→
→

暑(あつ)い

→

→

寒(さむ)い

→

→

親(した)しい

→

→

若(わか)い

→

→

強(つよ)い

→

→

弱(よわ)い

→

→

遠(とお)い

→

→

近(ちか)い

→

→

危(あぶ)ない

→

→

2 위 「い형용사」를 이용하여 예와 같이 자유롭게 이야기해 보세요.

예 練習(れんしゅう)1．A：かばんを買(か)いました。
B：高(たか)かったですか。
A：あまり高(たか)くなかったです。

説明(せつめい)と練習(れんしゅう)

練習(れんしゅう)してみましょう ❷

1 예와 같이 다음 「な형용사」의 과거형을 써 보세요.

예

まじめだ

→ まじめでした。

→ まじめではありませんでした。

危険(きけん)だ

→

→

楽(らく)だ

→

→

大事(だいじ)だ

→

→

必要(ひつよう)だ

→

→

不便(ふべん)だ

→

→

下手(へた)だ

→

→

上手(じょうず)だ

→

→

苦手(にがて)だ

→

→

静(しず)かだ

→

→

親切(しんせつ)だ

→

→

安全(あんぜん)だ

→

→

十分(じゅうぶん)だ

→

→

大変(たいへん)だ

→

→

鮮(あざ)やかだ

→

→

繊細(せんさい)だ

→

→

複雑(ふくざつ)だ

→

→

色々(いろいろ)だ

→

→

2 위「な형용사」를 이용하여 예와 같이 자유롭게 이야기해 보세요.

예

練習(れんしゅう)1. A　：それは簡単(かんたん)でしたか。

B1：はい、簡単(かんたん)でした。

B2：いいえ、あまり簡単(かんたん)ではありませんでした。

本文

週末の話２

伊東さんと山田さん、キムさんが週末の話をしています。キムさんは日曜日は何をしたでしょうか。

미사키씨와 겐타씨, 태호씨가 주말 이야기를 하고 있습니다. 태호씨는 일요일에 무엇을 했을까요.

track-46

伊東美咲　キムさん、日曜日も何かおもしろいことがありましたか。

キム・テホ　日曜日ですか。浮世絵美術館へ行きました。

伊東美咲　「浮世絵」ですか。

キムさん、いろいろなことに興味があるんですね。

キム・テホ　はい。浮世絵美術館には有名な作家の作品がたくさんありました。

繊細な作品、怖い作品など色々ありました。

私は鮮やかな色の作品がよかったです。

伊東美咲　あ、そうですか。いい経験でしたね。

キム・テホ　はい、楽しかったです。

伊東美咲　入場料はどうでしたか。高かったですか。

キム・テホ　入場料は安かったですが、その後の食事代が高かったです。

伊東美咲　ハッハ。そうですか。何を食べましたか。

キム・テホ　お寿司を食べました。

伊東美咲　楽しい週末でしたね。

話し合ってみましょう

- 우키요에(浮世絵) 작품을 감상해 봅시다.
- 자신이 좋아하는 미술작품에 대해 이야기해 봅시다.

聞(き)き取(と)りと書(か)き取(と)り

track-47

1 다음 대화를 듣고 해당하는 그림에 체크하세요.

①

(a)

(b)

②

(a)

(b)

③

(a)

(b)

2 다음 문장을 듣고, 과거형으로 고치세요.

① 今日(きょう)は＿＿＿＿＿＿＿＿＿＿

② このビルは＿＿＿＿＿＿＿＿＿＿

③ このビルは＿＿＿＿＿＿＿＿＿＿

④ ホラー映画(えいが)は＿＿＿＿＿＿＿＿＿＿

⑤ 彼(かれ)は＿＿＿＿＿＿＿＿＿＿

⑥ ケータイは＿＿＿＿＿＿＿＿＿＿

これが「浮世絵(うきよえ)」

출처. PhotoAC

출처. PhotoAC

출처. PhotoAC

출처. PhotoAC

출처. PhotoAC

출처. PhotoAC

08

映画(えいが)の上映(じょうえい)は7時(じ)10分(ぷん)からです。

저, 실례합니다만, 지금 몇 시 인가요?

점심시간은 12시 반부터 1시 반까지 입니다.

장어덮밥은 1800엔입니다.

영화 상영은 7시 10분부터 입니다.

説明と練習

❶ 今、何時ですか。

1 A：あの、すみませんが、今何時ですか。

B1：７時25分です。

B2：すみません。私にも分かりません。

2 A：すみません。ちょっといいですか。　B：はい。

A：今、何時ですか。　B：5時45分です。

A：ありがとうございます。

3 映画は何時からですか。― 7時10分からです。

4 授業は何時からですか。― 一限目の授業は午前9時からです。

5 昼休みは何時から何時までですか。― 午後12時半から1時半までです。

練習してみましょう ❶

▸ 次の所の運営(営業)時間は何時から何時までですか。数字で書いて日本語で話してください。

	図書館	学食	郵便局	デパート	銀行
運営(営業)時間					

❷ いくらですか。

1 チケットの値段はいくらですか。― 1800円です。

2 入場料は高かったですか。― 美術館の入場料は300円でした。安かったです。

3 牛丼はいくらですか。― 340円です。

4 A: この店はうな丼が有名です。ちょっと高いですが。

B：いくらですか。

A：１６00円です。

B：わあ、高い。

覚(おぼ)えましょう

	百(ひゃく)	千(せん)	万(まん)	億(おく)
一(いち)	ひゃく	せん	いちまん	いちおく
二(に)	にひゃく	にせん	にまん	におく
三(さん)	さんびゃく	さんぜん	さんまん	さんおく
四(よん)	よんひゃく	よんせん	よんまん	よんおく
五(ご)	ごひゃく	ごせん	ごまん	ごおく
六(ろく)	ろっぴゃく	ろくせん	ろくまん	ろくおく
七(なな、しち)	ななひゃく	ななせん	ななまん	ななおく
八(はち)	はっぴゃく	はっせん	はちまん	はちおく
九(きゅう)	きゅうひゃく	きゅうせん	きゅうまん	きゅうおく
何(なん)	なんびゃく	なんぜん	なんまん	なんおく

練習(れんしゅう)してみましょう ❷

▸ 다음 상품의 가격을 일본어로 말해 보세요.

歯磨(はみが)き粉(こ)

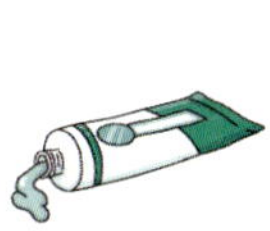

170円(えん)

缶(かん)コーヒー

82円(えん)

ボールペン

125円(えん)

マウス

1,079円(えん)

お菓子(かし)

120円(えん)

歯(は)ブラシ

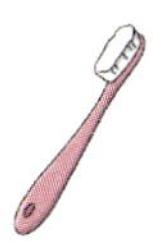

98円(えん)

水(みず)

110円(えん)

ノート

98円(えん)

消(け)しゴム

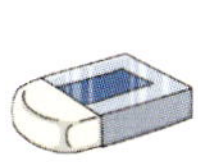

44円(えん)

せっけん

173円(えん)

説明(せつめい)と練習(れんしゅう)

❸ ごはんを食(た)べましょう。

▸ 상대방에게 무언가를 제안하고 싶을 때, 「～ましょう」「～ましょうか」「～ませんか」와 같은 표현을 사용합니다. 우리말의 '～합시다', '～할까요', '～하지 않으시겠습니까'에 해당하는 표현입니다. 대화 상대와 상황에 따라 적절한 표현을 쓸 수 있도록 연습합시다.

1 ごはんを食(た)べましょう。
ごはんを食(た)べましょうか。
ごはんを食(た)べませんか。

2 A：コーヒーでも飲(の)みませんか。
B：はい、飲(の)みましょう。

3 A：今週(こんしゅう)の土曜日(どようび)、一緒(いっしょ)にコンサートへ行(い)きませんか。チケットがあります。
B：本当(ほんとう)ですか。うれしいです。

4 A：今日(きょう)、何時(なんじ)に会(あ)いましょうか。
B：5時(じ)ごろ、どうですか。
A：いいですね。5時(じ)に会(あ)いましょう。

5 A：市川(いちかわ)さんも一緒(いっしょ)に行(い)きませんか。
B：すみません。今日(きょう)はちょっと。
A：そうですか。じゃ、また今度(こんど)。

❹ これはどうでしょうか。

▸ 「これはどうですか。」에 비해 완곡한 표현입니다.

1 上映時間(じょうえいじかん)は何時(なんじ)でしょうか。

2 「源氏物語(げんじものがたり)」はどうでしょうか。

3 抹茶(まっちゃ)ラテ一(ひと)つと、チーズケーキ一(ひと)つでよろしいでしょうか。

4 あの格好(かっこう)いい人(ひと)はキムさんでしょうか。

❺ 私(わたし)は牛丼(ぎゅうどん)にします。

▸「～にする」는 무언가를 선택할 때 쓰는 표현입니다.

1 私(わたし)は牛丼(ぎゅうどん)にします。

2 私(わたし)はミルクティーにします。

3 A：何(なに)にしましょうか。

B：これにします。

本文

キムさんと山田さんが映画館へ行きました。
태호씨와 겐타씨가 영화관에 갔습니다.

track-48

山田健太　何を見ましょうか。

キム・テホ　山田さんはどんな映画が好きですか。

山田健太　私は、あの、コメディやアクションなどが好きです。
時代劇も好きです。キムさんはどうですか。

キム・テホ　私も大体一緒です。今公開中の映画は「マイウェイ」、
「源氏物語」、「ALWAYS 三丁目の夕日 ' 64」などですね。

山田健太　「源氏物語」はどうでしょうか。キムさん、せっかく日本で
映画を見るのですから。

キム・テホ　「源氏物語」というのは平安時代の物語のことですか。

山田健太　そうです。キムさん、詳しいですね。

キム・テホ　いいえ。そんなに詳しくないですよ。
じゃ、それにしましょう。
上映時間は何時からでしょうか。

山田健太　夜8時20分のものしかありませんね。

え、と、今6時ですから、ごはんをゆっくり食べましょう。

キム・テホ　はい。まず、チケットを買いましょうか。

へえ？ 1800円？ 高い。

山田健太　でも8時からは1200円ですから、少しは安いですね。

話し合ってみましょう

- 영화의 장르를 나타내는 일본어 단어를 조사해 봅시다.
- 최근 화제가 되고 있는 일본의 영화를 보고 소개해 봅시다.

聞き取りと書き取り

track-49

1 다음 대화를 듣고 태호씨의 내일 스케줄을 완성해 보세요.

明日(あした)のスケジュール	
時間(じかん)	項目(こうもく)
am ① ______	② ______
pm ③ ______	食事(しょくじ)
7:00	④ ______

2 다음을 듣고 음료의 빈 칸에 가격과 총액을 적으세요.

レシート	
カフェラテ	① ______円(えん)
抹茶(まっちゃ)ラテ	② ______円(えん)
カプチーノ	③ ______円(えん)
合計(ごうけい)	④ ______円(えん)

3 다음 대화를 듣고 두 사람이 약속한 점심 시간은 몇시인지 고르세요.

① 12時(じ)　② 12時半(じはん)　③ 1時(じ)　④ 1時半(じはん)

4 다음 안내문을 보고 영업이 시작하는 시간과 끝나는 시간을 적으세요.

①

시작 : ____________________

끝 : ____________________

②

시작 : ____________________

끝 : ____________________

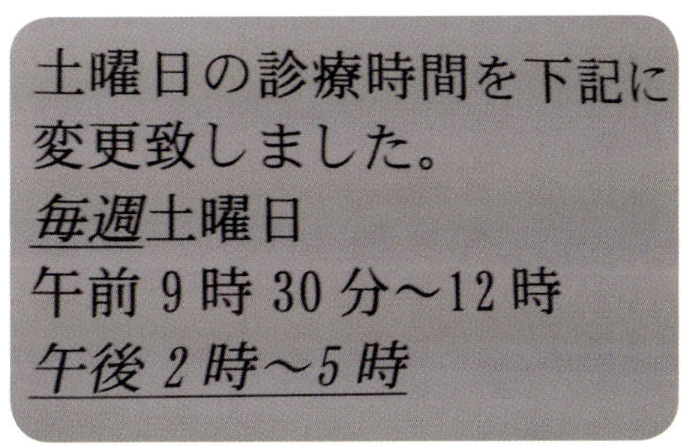

09

地下鉄(ちかてつ)に乗(の)って学校(がっこう)へ行(い)きます。

- 지하철을 한 번 갈아타고 학교에 갑니다.
- 학교에 도착해서 커피를 마시고 수업에 들어 갑니다.
- 여기에 가방을 놓아도 될까요?
- 이곳에서 담배를 피워서는 안됩니다.

説明と練習

❶ 地下鉄に乗って学校へ行きます。

▸ 동사의 て形입니다. 두 개 이상의 절(節)을 이어 복문(複文)을 만듭니다.
우리말로 '~(하)고, ~(해)서'라고 해석하면 적당합니다.

1 地下鉄を一回乗り換えて学校へ行きます。
2 歯を磨いて着替えます。
3 地下鉄に乗って間に合いました。
4 平日は学校へ行って、週末は家で休みます。
5 友だちに会って夜遅く帰りました。

❷ 待ってください。

▸ 부드러운 명령, 부탁이나 권유를 할 때 쓰는 표현입니다. '~(해) 주세요'의 의미입니다.

1 何でも聞いてください。
2 明日は９時に来てください。
3 上野駅で一回乗り換えてください。
4 あそこは地下鉄がないから、バスに乗ってください。
5 明日は家でゆっくり休んでください。

❸ 質問をしてもいいですか。

1 今、質問をしてもいいですか。
2 ここに座ってもいいですか。
3 ここでたばこを吸ってもいいですか。
4 この水を飲んでもいいですか。
5 ここにかばんを置いてもいいですか。

❹ 書いてはいけません。

1 ここに名前を書いてはいけません。
2 図書館でお菓子を食べてはいけません。
3 すみません。ここでたばこを吸ってはいけません。喫煙場所で吸ってください。
4 この水は飲料水ではありません。飲んではいけません。
5 ここは通路ですから、かばんを置いてはいけません。

覚えましょう

	回	杯	本	冊
一	いっかい	いっぱい	いっぽん	いっさつ
二	にかい	にはい	にほん	にさつ
三	さんがい	さんばい	さんぼん	さんさつ
四	よんかい	よんはい	よんほん	よんさつ
五	ごかい	ごはい	ごほん	ごさつ
六	ろっかい	ろっぱい(ろくはい)	ろっぽん	ろくさつ
七	ななかい	ななはい(しちはい)	ななほん(しちほん)	ななさつ
八	はちかい(はっかい)	はっぱい(はちはい)	はちほん	はっさつ(はちさつ)
九	きゅうかい	きゅうはい	きゅうほん	きゅうさつ
十	じゅっかい(じっかい)	じゅっぱい(じっぱい)	じゅっぽん(じっぽん)	じゅっさつ(じっさつ)
何	なんかい	なんばい	なんぼん	なんさつ

説明と練習

5 動詞の語尾

▶ 접속조사「て」의 접속방법을 익히기 위하여 동사의 어미를 살펴봅시다.

ア段	イ段	ウ段	エ段	オ段	動詞の語尾
あ	い	う	え	お	会う
か	き	く・ぐ	け	こ	聞く・泳ぐ
さ	し	す	せ	そ	話す
た	ち	つ	て	と	待つ
な	に	ぬ	ね	の	死ぬ
は	ひ	ぶ	へ	ほ	遊ぶ
ま	み	む	め	も	飲む
や				よ	
ら	り	る	れ	ろ	乗る
わ			を	ん	
	上一段	語尾の段	下一段		

6 動詞のて形

▶ 설명을 듣고 동사에「て」를 붙여 봅시다.

1) 上一段・下一段活用動詞

起きる→ 起きて　　見る→ ______　　落ちる→ ______　　降りる→ ______

食べる→ ______　　寝る→ ______　　掛ける→ ______　　遅れる→ ______

2) 五段活用動詞：

1 う・つ・る ⇒ って

会う→会って　　乗る→ ______　　待つ→ ______　　吸う→ ______

持つ→ ______　　上がる→ ______　　使う→ ______　　売る→ ______

歌う→ ______　　帰る→ ______　　知る→ ______　　入る→ ______

2 ぬ・ぶ・む ⇒ んで

読む→読んで　遊ぶ→ ______　飲む→ ______　死ぬ→ ______

呼ぶ→ ______　踏む→ ______　結ぶ→ ______　休む→ ______

3 く・ぐ ⇒ いて・いで

聞く→聞いて　泳ぐ→ ______　磨く→ ______　急ぐ→ ______

開く→ ______　書く→ ______　省く→ ______

4 す ⇒ して

話す→話して　返す→ ______　渡す→ ______　貸す→ ______

3) **変格活用動詞**：来る→ 来て　　する→ して

注意　行く→ 行って

練習してみましょう ❶

▸ 예와 같이 다음 동사에 「て」를 붙여 봅시다.

예 起きる → 起きて	食べる	磨く	する	乗り換える	置く
会う	泳ぐ	始まる	歌う	着替える	着く
浴びる	聞く	帰る	来る	洗う	歩く
書く	いる	かかる	入る	寝る	吸う
読む	座る	習う	掛ける	ある	撮る
載せる	呼ぶ	終わる	出る	休む	渡す

本文

伊東さんが吉川さんという友だちを連れてきました。吉川さんは韓国に興味があってキム・テホさんに聞いてみたいことがあるそうです。

미사키씨가 모에라는 친구를 데리고 왔습니다. 요시카와씨는 한국에 흥미가 있어서 태호씨에게 물어 보고 싶은 것이 있다고 합니다.

track-50

吉川萌　韓国の大学生の生活に興味があって、ちょっと質問してもいいですか。

キム・テホ　はい、何でも聞いてください。

吉川萌　キムさんは普通、どんな一日を過ごしますか。

キム・テホ　私の場合は、朝６時ごろ起きてシャワーを浴びて朝ごはんを食べます。ごはんの後、歯を磨いて着替えて家を出ます。地下鉄を一回乗り換えて学校へ行きます。

吉川萌　学校までどのくらいかかりますか。

キム・テホ　だいたい一時間ぐらいです。学校に着いてコーヒーを一杯飲んで授業を受けます。一こまは50分です。一限目が終わって昼ごはんを食べます。

吉川萌　日本とあまり変りありませんね。

キム・テホ　生活はそうですが、違うところもありますよ。

例えば韓国では学期が３月と９月に始まります。

吉川萌　そうですか。

話し合ってみましょう

- **センター試験**과 학기 구성 등 일본의 교육제도에 대하여 조사해 봅시다.
- 동사의 「**て形**」를 이용하여 자신의 하루 일과를 일본어로 발표해 봅시다.

聞き取りと書き取り

track-51

1 다음을 듣고 그림을 순서대로 나열해 보세요.

①  ②  ③  ④ 

〈순서 :　　→　　→　　→　　〉

2 다음 문장을 듣고 빈칸을 채워 보세요.

① バスに＿＿＿＿＿学校へ行きます。

② 友だちを＿＿＿＿＿一緒にごはんを食べます。

③ 子犬と＿＿＿＿＿家で休みます。

④ 朝、＿＿＿＿＿ジョギングをします。

⑤ 図書館へ＿＿＿＿＿勉強をします。

3 다음 문장을 듣고 동사를 「て형」으로 고쳐 보세요.

① テレビを＿＿＿＿＿＿＿＿＿＿

② たばこを＿＿＿＿＿＿＿＿＿＿

③ 公園を＿＿＿＿＿＿＿＿＿＿

④ 家を＿＿＿＿＿＿＿＿＿＿

⑤ 歌を＿＿＿＿＿＿＿＿＿＿

⑥ 名前を＿＿＿＿＿＿＿＿＿＿

この場面

출처. PhotoAC

출처. PhotoAC

출처. PhotoAC

출처. PhotoAC

출처. PhotoAC

출처. PhotoAC

10

優(やさ)しくて親切(しんせつ)な人(ひと)が好(す)きです。

밝고 솔직한 사람이에요.

무서워서 잘 보지 않습니다.

커피를 좋아해서 매일 마셔요.

야마다씨는 일본인이고, 나는 한국인입니다.

説明と練習

❶ 優しくて親切な人

▸ い형용사의 て형(복문)입니다. 어미 い를 빼고 くて를 접속합니다. 우리말로 '~(하고)고, ~(해)서'등으로 해석하면 적당합니다.

1. 優しくて親切な人が好きです。
2. 林さんは明るくて素直な人です。
3. 私の部屋は冬は暖かくて、夏は涼しいです。南向きですから。
4. 鈴木さんと一緒に回転寿司を食べました。安くておいしかったです。
5. 駅前のデパートで昨日までバーゲンセールでした。安くてたくさん買いました。
6. ホラー映画は怖くてあまり見ません。
7. コーヒーは苦くて飲みませんでしたが、今は好きです。

❷ 静かできれいな町

▸ な형용사의 て형(복문)입니다. 어미 だ를 빼고 で를 접속합니다. 우리말로 '~(하고)고, ~(해)서'등으로 해석하면 적당합니다.

1 小樽は静かできれいな町です。

2 無鉄砲で純粋な若者です。

3 A：私はわがままでのんびり屋です。

B：え？そんなことありませんよ。

5 作品の色彩はとても鮮やかですてきでした。

6 サラダは新鮮でおいしかったです。

7 この公園は桜で有名です。春は一日中にぎやかで人が多いです。

8 コーヒーが大好きで、毎日飲みます。

❸ 今日は木曜日で、明日は金曜日です。

▸ 명사의 て형(복문)입니다. 명사에 で를 접속합니다. 우리말로 '~(이)고'라고 해석하면 적당합니다.

1 A：私のはどれですか。

B：赤いコップがあなたので、青いコップは私のです。

2 山田さんは日本人で、私は韓国人です。

3 「坊っちゃん」は主人公で、「赤シャツ」は登場人物の一人です。

4 A：大学生はまだ学生で、大人ではありません。

B：いいえ、違います。大人ですよ。

説明(せつめい)と練習(れんしゅう)

書(か)いてみましょう

▸ 성격을 나타내는 단어들입니다. 빈 칸에 단어의 의미를 써 보고 자신에게 해당하는 단어에 ○표 해 봅시다.

穏(おだ)やかだ		親切(しんせつ)だ	
おとなしい		朗(ほが)らかだ	
柔(やわ)らかい		おもしろい	
のんきだ		負(ま)けず嫌(ぎら)いだ	
優(やさ)しい		社交的(しゃこうてき)だ	
のんびり屋(や)だ		正直(しょうじき)だ	
面倒(めんどう)くさがり屋(や)だ		几帳面(きちょうめん)だ	
優柔不断(ゆうじゅうふだん)だ		恥(は)ずかしがり屋(や)だ	
弱(よわ)い		こわがりだ	
強(つよ)い		消極的(しょうきょくてき)だ	
暗(くら)い		積極的(せっきょくてき)だ	
明(あか)るい		真面目(まじめ)だ	
わがままだ		素直(すなお)だ	
無鉄砲(むてっぽう)だ		慎重(しんちょう)だ	
ユーモアがある		情熱的(じょうねつてき)だ	

1 あなたはどんな人(ひと)ですか。

▶ 앞 페이지의 단어표를 참고하여 자신은 어떤 사람인지 써 봅시다.

2 あなたはどんな人(ひと)が好(す)きですか。

▶ 자신의 이상형은 어떤 성격의 사람인지 써 봅시다.

ほんぶん
本文

キムさんが『坊っちゃん』という日本の小説を読んでいます。『坊っちゃん』はある青年の話です。この小説の主人公である青年の性格について伊東さんとキムさんが話をしています。

태호씨가 '봇짱'이라는 일본 소설을 읽고 있습니다. '봇짱'은 한 청년의 이야기입니다. 이 소설의 주인공인 청년의 성격에 대해 미사키씨와 태호씨가 이야기를 하고 있습니다.

track-52

伊東美咲	小説ですか。
キム・テホ	はい。夏目漱石の『坊っちゃん』です。
伊東美咲	あ、『坊っちゃん』。 この小説の「私」は無鉄砲で純粋な若者ですね。
キム・テホ	はい、わがままな所もありますが、結構かわいい人です。 最後はまだわかりませんが。
伊東美咲	私はそういう人はあまり好きではありません。 優しくて親切な人、大人しい人が好きです。
キム・テホ	私は元気で、明るくて素直な人が好きです。 伊東さんは自分はどんな人だと思いますか。

伊東美咲　私ですか。そうですね。

わがままな方だと思います。

キム・テホ　え？ 私から見ると、伊東さんは大人しい人ですよ。

伊東美咲　本当にそう思いますか。ありがとう。

話し合ってみましょう

- 소설의 장르를 나타내는 일본어 단어를 조사해 봅시다.
- 자신이 좋아하는 일본의 소설을 소개해 봅시다.

聞(き)き取(と)りと書(か)き取(と)り

track-53

1 다음 대화를 듣고 해당하는 그림에 체크하세요.

①  (a)  (b)

②  (a)  (b)

③  (a)  (b)

2 다음 문장을 듣고 예와 같이 고쳐 보세요.

> 예 鈴木(すずき)さんは明(あか)るい人(ひと)です。鈴木(すずき)さんは素直(すなお)な人(ひと)です。
> →鈴木(すずき)さんは明(あか)るくて素直(すなお)な人(ひと)です。

① 日本(にほん)の地下鉄(ちかてつ)は________________狭(せま)いです。

② 小(ちい)さい本(ほん)は________________、大(おお)きい本(ほん)は雑誌(ざっし)です。

③ 教室(きょうしつ)は________________暗(くら)かったです。

④ ビールは________________おいしいです。

⑤ ソンさんはいつも________________真面目(まじめ)な人(ひと)です。

この場面(ばめん)

출처. PhotoAC

출처. fliker_65847118@N06

출처. PhotoAC

출처. PhotoAC

출처. PhotoAC

11

劇場(げきじょう)の中(なか)でお弁当(べんとう)を食(た)べています。

이 말을 일본어로
어떻게 하지요?

먹고 싶은 것 있어요?

저는 유부초밥으로 할게요.

손을 들고 있는 사람은 다카사키씨입니다.

説明と練習

❶ 田中さんはお弁当を食べています。

▸ 동작의 진행을 나타내는 표현입니다. 「～ている」는 '동작의 진행'이나 '동작의 결과(의 진행)'를 나타내는 문형입니다. 그러나 같은 표현이라도 장면에 따라 '동작의 진행'을 나타낼 수도 있고, '동작의 결과'를 나타낼 수 도 있으므로 주의가 필요합니다.

1 松本さんは電話をしています。
2 大羽さんは水を注いでいます。
3 山田さんは何かを探しています。
4 井本さんはスパゲッティを作っています。
5 吉川さんは駐車場で車を止めています。

❷ 伊東さんはブラウスに大きいリボンをつけています。

▸ 동작의 결과를 나타내는 표현입니다.

1 キムさんは足を組んでいます。
2 伊東さんは何かを隠しています。
3 パクさんとヤンさんは手をつないでいます。
4 今日は雨ですから、皆傘をさしています。
5 山田さんは大きい荷物を持っています。

❸ ドアを閉めている人は誰ですか。

1 いすにかけている人は長井さんです。
2 しゃがんでいる人は吉川さんです。
3 手を上げている人は高崎さんです。
4 かばんを背負っている人は松本さんです。
5 あそこで荷物を持っている人は山田さんです。

練習してみましょう ❶

▸ 다음 동사를 이용하여 ❶, ❷, ❸과 같이 연습해 봅시다.

<動作の進行 : 동작 진행 >

頑張る

階段を登る

パソコンを立ち上げる

ボタンを押す

着替える

階段を降りる

ダンスをする

水を注ぐ

走る

ミルクを出す

飲み物を選ぶ

皮を剥く

スパゲッティを作る

洗濯をする

掃除機をかける

横断歩道を渡る

後片付けをする

財布を捜す

追いかける

笑う

説明(せつめい)と練習(れんしゅう)

<動作(どうさ)の結果(けっか)の進行(しんこう) : 동작의 결과 진행>

 立(た)つ	 座(すわ)る	 横(よこ)になる	 うつぶせになる
 仰向(あおむ)けになる	 荷物(にもつ)を持(も)つ	 傘(かさ)をさす	 脚(あし)を組(く)む
 めがねをかける	 ぼうしをかぶる	 リボンをつける	 Tシャツを着(き)る
 スカートをはく	 指輪(ゆびわ)をする	 手(て)をつなぐ	 しゃがむ
 手(て)を上(あ)げる	 かばんを背負(せお)う	 よりかかる	 財布(さいふ)をかくす

④ 食べたいものがありますか。

1 私は北海道へ行きたいです。

2 ストレスがたまっているから、今日はゆっくり休みたいです。

3 暑いですから、窓を開けたいです。

4 お腹が空きました。おいしいごはんが食べたいです。

5 日本へ行って、どこに泊りたいですか。
— 民宿か旅館に泊りたいです。

6 今日の食事にキムさんも誘いたいですが、どうですか。
— はい、そうしましょう。

⑤ 私はちらしずしにします。

1 キムさんは何にしますか。
— チーズバーガーとポテトセットにします。

2 大羽さんの誕生日のプレゼント、どれにしますか。
— このペンケースはどうですか。

3 この本の返却は来週にしてもいいですか。
— すみません。今待っている人がいますから、今週の金曜日までにお願いします。

4 今日は皆忙しいですから、飲み会は明日にしましょうか。
— その方がいいと思います。

練習してみましょう ❶

▸ 다음 메뉴를 보고 ❹의 「～たいです」나 ❺의 「～にします」문형을 사용하여 먹고 싶은 것을 골라 말해 보세요.

SWEETS MENU

マカロン
￥250

ロールケーキ
￥500

クッキー
￥180

エッグタルト
￥300

チーズケーキ
￥550

プリン
￥400

パウンドケーキ
￥600

DRINK MENU

COFFEE HOT/ICE

アメリカーノ
¥400

エスプレッソ
¥300

カフェラテ
¥450

カフェモカ
¥250

キャラメルラテ
¥500

カプチーノ
¥480

TEA HOT/ICE

グリーンティー
¥400

アールグレイ
¥400

ジャスミンティー
¥400

SOFR DRINK

ジュース
¥600

コーラー
¥500

ミルク
¥400

本文

キムさんと山田さんが日本伝統人形劇の文楽を見に国立劇場へ行きました。休憩時間に劇場でお弁当を食べる風景を見てキムさんは韓国との違いを感じました。

태호씨와 켄타씨가 일본전통인형극인 분라쿠를 보러 국립극장에 갔습니다. 휴게시간에 극장에서 도시락을 먹는 풍경을 보고 태호씨는 한국과의 차이를 느꼈습니다.

track-54

(放送)ただいま、第一部が終わりました。6時まで休憩時間になります。

キム・テホ　ほら、山田さん。

劇場の中でお弁当を食べている人が多いですね。

劇場で食べても大丈夫ですか。

山田健太　休憩時間は大丈夫です。韓国ではいけませんか。

キム・テホ　はい、韓国では食べ物の持ち込みは禁止です。

山田健太　そうなんですか。

ロビーでも皆お弁当を食べていますよ。

キム・テホ　そういえば、遠い所へ行く時に新幹線でも

お弁当食べますよね。

山田健太　そうそう。日本のお弁当おいしいですよ。

私たちもお弁当買って食べましょうか。

—弁当屋さんで—

山田健太　食べたいものありますか。

キム・テホ　え、と、私はちらしずしにします。

山田健太　じゃ、私はいなりずしとのり巻き。

話し合ってみましょう

▸ 분라쿠(文楽)는 에도시대(江戸時代)에 시작된 예능입니다. 분라쿠와 같이 에도시대에 시작된 일본의 전통 예능에 대해 조사해 봅시다.

▸ 다양한 종류의 오벤토(お弁当)의 메뉴 이름과 에키벤(駅弁)이라는 단어의 의미를 조사해 봅시다.

聞き取りと書き取り

track-55

1 다음 대화를 듣고 해당하는 그림에 체크하세요.

① 伊東さん　② 山田さん　③ 大羽さん

(a)

(b)

(c)

2 다음 대화를 듣고 스즈키씨가 누구인지 체크하세요.

①

②

③

3 다음 대화를 듣고 그림을 연결하세요.

① 市橋さん　② 伊東さん

(a)

(b)

(c)

この場面(ばめん)

国立劇場

文楽劇場の内部

ロビーでお弁当を食べている

劇場内でお弁当を食べている

弁当屋さんでお弁当を買っている

いなりずしとのり巻きの弁当

부록

❶ 듣기 스크립트

❷ 동사의 접속 활용표

❸ 형용사 및 명사의 접속 활용표

❹ 히라가나 / 가타카나 쓰기노트

듣기 스크립트

제01과

1 다음 발음을 듣고 바르게 표기한 단어를 고르세요.

① b. かき

② a.いえ

③ b.だつ

④ b.もってる

2 다음을 듣고 빈칸에 히라가나를 넣으세요.

①か　れ　　②に　わ

③お　き　る　　④や　さ　しい

⑤あ　お　　⑥ほ　し　い

⑦た　ぬ　き　　⑧そ　ら

3 다음을 듣고 빈칸에 숫자를 써 넣으세요.

① 私(わたし)の電話番号(でんわばんごう)は 010-9803-1458です。

② 私(わたし)の電話番号(でんわばんごう)は 02-347-6321です。

③ 私(わたし)の電話番号(でんわばんごう)は 070-5563-1782です。

4 다음을 듣고 숫자를 받아 적어 보세요.

① にじゅうはち　　② ごじゅうさん

③ きゅうじゅうろく　　④ じゅうに

정답 : **1** ①-b　②-a　③-b　④-b

2 ①れ　②わ　③る　④さ　⑤あ　⑥し　⑦ぬ　⑧ら

3 ① 4　② 347　③ 5563

4 ① 28　② 53　③ 96　④ 12

제02과

1 다음 대화를 듣고 그림을 연결해 보세요.

A： このかばんは誰(だれ)のですか。

B： それは市川(いちかわ)さんのです。

A： それじゃ、本(ほん)は誰(だれ)のですか。

B： 本は李さんのです。

A： 市川さんは日本語の先生ですか。

B： いいえ、市川さんと李さんは大学生です。

2 다음 대화를 듣고 빈칸에 단어를 쓰세요.

① あなたは学生ですか。

② どうぞよろしくお願いします。

③ 市川さんは日本語の先生ですか。

④ 李さんは誰ですか。

3 다음 대화내용을 그림과 연결시켜 보세요.

① A： お元気ですか。

B： はい、お陰さまで元気です。

② A： おはようございます。

B： おはようございます。

③ A： ただいま。

B： お帰りなさい。

④ A： いただきます。

B： どうぞ。

정답 : **1** ①-(b),(c)　②-(a),(c)

2 ① 学生　② どうぞ　③ の　④ 誰

3 ①-(c)　②-(a)　③-(b)　④-(d)

제03과

1 다음 발음을 듣고 단어를 완성해 보세요.

① ケーキ　② サイト　③ スーツ　④ アプリ

⑤ ピアノ　⑥ メール　⑦ インターネット　⑧ ネクタイ

2 다음 발음을 듣고 단어를 받아 써 보세요.

① ノート　② カード　③ ページ　④ テスト

⑤ ボードゲーム　⑥ ノック　⑦ クリック　⑧ フォーク

3 다음을 듣고 대화 속에 등장하는 단어에 해당하는 그림을 골라 연결하세요.

① A：もしもし、今どこ？　B：うん、コンビニ。

② A：これは何ですか。　B：これですか。日本のアニメのパンフレットです。

③ A：このノートパソコンは誰のですか。　B：それは林さんのです。

정답：**1** ① ー　② ト　③ ツ　④ プ　⑤ ピ　⑥ メ　⑦ ン　⑧ ネ

2 ① ノート　② カード　③ ページ　④ テスト　⑤ ボードゲーム　⑥ ノック　⑦ クリック　⑧ フォーク

3 ① (b)　② (a)　③ (c)

제04과

1 다음 설명을 듣고 알맞은 그림을 찾아 체크하세요.

①この料理は赤いです。辛いです。キム・テホさんはこの料理が好きです。

②この料理は新鮮な魚が必要です。ごはんも必要です。山田健太さんはこの料理が好きです。

2 다음 대화를 듣고 해당하는 그림에 체크하세요.

A：きれいな店ですね。

B：そうでしょう。ここはいつもにぎやかです。

A：これが新しいメニューです。

B：味噌ラーメンですか。

A：カレーライスもおいしいですよ。ほら。うどんも。

B：じゃ、私はラーメン、お願いします。

A：私も。

3 다음 질문을 듣고 부정형으로 답해 보세요.

① あの人は韓国人ですか。

② 日本語の教室は広いですか。

③ 鈴木さんは明日暇ですか。

④ うどんは辛いですか。

정답：**1** ①-(b), ②-(c)

2 ①-(a), ②-(c)

3 ① 韓国人ではありません。② 広くないです。③ 暇ではありません。④ 辛くないです。

제05과

1 다음을 듣고 그림과 연결시켜 보세요.

① 日本語を習う。② 歯を磨く。③ 本を買う。④ 音楽を聞く。

2 다음을 듣고 그림을 순서대로 나열해 보세요.

地下鉄を待つ。家へ帰る。着替える。手を洗う。

3 다음을 듣고 알맞은 히라가나를 넣으세요.

① 学食でごはんを食べる。② 会社へ行く。 ③ 部屋に入る。

④ コーヒーを飲む。 ⑤ 友だちに会う。

정답 : **1** ①-(c), ②-(a), ③-(d), ④-(b)

2 ④ → ② → ③ → ①

3 ① で ② へ ③ に ④ を ⑤ に

제06과

1 다음을 듣고 그림과 연결시켜 보세요.

① 子犬と遊びます。② 駅まで歩きます。③ 歌を歌います。④ 映画を見ます。

2 다음 대화를 듣고 태호씨가 어제 한 일에 O표, 하지 않은 일에 X표 하세요.

A：キムさん、昨日、何をしましたか。

B：友だちに会いました。それからコーヒーを飲みました。

A：映画も見ましたか。B：映画は見ませんでした。

3 다음을 듣고 동사를 ます형으로 고쳐 보세요.

① 朝、7時に起きる。

② バスに乗る。

③ 友だちが家へ来る。

④ プールで泳ぐ。

⑤ 図書館で本を読む。

정답 : **1** ①-(a), ②-(d), ③-(b), ④-(c)

2 ① O ② X ③ O

3 ① 起きます。② 乗ります。③ 来ます。④ 泳ぎます。⑤ 読みます。

제07과

1 다음 대화를 듣고 해당하는 그림에 체크하세요.

① A：昨日、鈴木さんとお寿司を食べました。

B：そうですか。おいしかったですか。

A：いいえ、あまりおいしくありませんでした。新鮮ではありませんでした。

② A：パクさんは昔は真面目な人でしたが、最近、学校へ来ません。

B：昔も学校へあまり来ませんでした。

A：そうですか。

B：昔も真面目な人じゃありませんでした。

③ A：週末、何をしましたか。

B：日本へ行きました。

A：本当ですか。日本のどこへ行きましたか。

B：北海道の小樽へ行きました。とてもきれいでした。小さい町でした。あまり大きくありませんでした。

2 다음 문장을 듣고, 과거형으로 고치세요.

① 今日は寒くありません。

② このビルは立派ではありません。

③ このビルは学校です。

④ ホラー映画は怖いです。

⑤ 彼は友だちではありません。

⑥ ケータイは便利です。

정답 : **1** ①-(b) ②-(b) ③-(a)

2 ① 寒くありませんでした。② 立派ではありませんでした。③ 学校でした。④ 怖かったです。⑤ 友だちではありませんでした。⑥ 便利でした。

제08과

1 다음 대화를 듣고 태호씨의 내일 스케줄을 완성해 보세요.

A：もしもし、あ、キムさん。山田です。

B：山田さん、こんにちは。

A：こんにちは。あの、明日、暇ですか。

B：明日ですか。午前9時から12時まで授業があります。それ以外は何もありません。

A：あ、よかった。コンサートのチケットがありますが、一緒に行きませんか。午後7時からです。

B：いいですよ。それじゃ、5時に会いませんか。一緒に食事でもしましょう。

2 다음을 듣고 빈칸에 음료의 가격과 총액을 적으세요.

カフェラテが190円、抹茶ラテが150円、カプチーノが210円。合計550円になります。

3 다음 대화에서 두 사람이 약속한 점심 시간은 몇시인지 고르세요.

A：昼ごはん、何時に食べましょうか。12時にどうですか。

B：すみません。午後1時まで授業があります。

A：それでは1時半に学食で会いましょう。

4 다음 안내문을 보고 영업이 시작하는 시간과 끝나는 시간을 적으세요.

정답 : **1** ① 9：00　② 授業　③ 5：00　④ コンサート

2 ① 190円　② 150円　③ 210円　④ 550円

3 ④

4 ① 시작: 오후 4시 30분 / 끝: 심야 2시　② 시작: 오전 9시 30분　/ 끝: 6시

제09과

1 다음을 듣고 그림을 순서대로 나열해 보세요.

A：家へ帰って何をしますか。

B：普通、手を洗って、ごはんを食べます。それから歯を磨いて音楽を聞きます。

2 다음 문장을 듣고 빈칸을 채워 보세요.

① バスに乗って学校へ行きます。

② 友だちを待って一緒にごはんを食べます。

③ 子犬と遊んで家で休みます。

④ 朝、起きてジョギングをします。

⑤ 図書館へ行って勉強をします。

3 다음 문장을 듣고 동사를 「て형」으로 고쳐 보세요.

① テレビを見る　② たばこを吸う　③ 公園を歩く

④ 家を出る　⑤ 歌を歌う　⑥ 名前を呼ぶ

정답 : 1 ② → ④ → ① → ③

2 ① 乗って　② 待って　③ 遊んで　④ 起きて　⑤ 行って

3 ① 見て　② 吸って　③ 歩いて　④ 出て　⑤ 歌って　⑥ 呼んで

제10과

1 다음 대화를 듣고 해당하는 그림에 체크하세요.

① A：市川さんはどんな人ですか

B：静かで大人しい人です。

② A：あなたのかばんはどれですか。

B：その新しくて白いかばんです。

③ A：日本語の本ありますか。

B：はい、本棚にあります。赤くて小さい本が日本語の本です。

2 다음 문장을 듣고 예와 같이 고쳐 보세요.

예 鈴木さんは明るい人です。鈴木さんは素直な人です。

→ 鈴木さんは明るくて素直な人です。

① 日本の地下鉄は高いです。日本の地下鉄は狭いです。

② 小さい本は小説です。大きい本は雑誌です。

③ 教室は静かでした。暗かったです。

④ ビールは冷たいです。ビールはおいしいです。

⑤ ソンさんはいつも元気です。ソンさんは真面目な人です。

정답 : 1 ①-(b), ②-(a), ③-(a)

2 ① 高くて　② 小説で　③ 静かで　④ 冷たくて　⑤ 元気で

제11과

1 다음 대화를 듣고 해당하는 그림에 체크하세요.

① A：伊東さんは誰ですか。

B：あのピンクのスカートをはいている人です。

② A：あそこで手を上げている人は誰ですか。

B：あ、あの人ですか。大羽さんです。

③ A：山田さんはいつも本を読みますね。ほら、今もいすにかけて本を読んでいますよ。

2 다음 대화를 듣고 스즈키씨가 누구인지 체크하세요.

A：あの荷物を持っている人が鈴木さんですか。

B：違います。壁によりかかって時計を 見ている人が鈴木さんです。

3 다음 대화를 듣고 그림을 연결하세요.

A：おいしいもの食べたいな。

B：市橋さん、何が食べたいですか。

A：お寿司が食べたいです。伊東さんは？

B：私は食べ物より、お水が飲みたいです。

정답： **1** ①-(c), ②-(b) ③-(a)

2 ②

3 ①-(b), ②-(c)

동사의 접속 활용표

표현 유형 / 접속어 / 동사 종류		기본형	ます형(정중형)	ない형(부정형)	て형(연결형)	た형(과거형)
		~u (~다)	~ます (~ㅂ니다)	~ない (~않다)	~て (~고, ~서)	~た (~었다)
1그룹 동사	押す 누르다		おします	おさない	おして	おした
	行く 가다		いきます	いかない	いって	いった
	書く 쓰다		かきます	かかない	かいて	かいた
	泳ぐ 수영하다		およぎます	およがない	およいで	およいだ
	死ぬ 죽다		しにます	しなない	しんで	しんだ
	読む 읽다		よみます	よまない	よんで	よんだ
	飛ぶ 날다		とびます	とばない	とんで	とんだ
	言う 말하다		いいます	いわない	いって	いった
	待つ 기다리다		まちます	またない	まって	まった
	乗る 타다		のります	のらない	のって	のった
	くださる 주시다		くださいます	くださらない	くださって	くださった
	擦る 문지르다		すります	すらない	すって	すった
	切る 자르다		きります	きらない	きって	きった
2그룹 동사	着る 입다		きます	きない	きて	きた
	寝る 자다		ねます	ねない	ねて	ねた
3그룹 동사	する 하다		します	しない	して	した
	来る 오다		きます	こない	きて	きた
	分析する 분석하다		分析します	分析しない	分析して	分析した
동일 접속 유형	사전형, 명사 수식형 ~だろう, ~かもしれない ~はずだ, ~らしい ~ようだ, ~つもりだ ~ことにする ~と ~から, ~ので, ~のに ~な		~たい ~やすい(にくい) ~そうだ ~ながら ~すぎる ~なさい ~ましょう	~れる/られる ~せる/させる ~せられる ~させられる ~なければならない ~なくてもいい	~ている ~てある ~ていく ~てください ~てほしい ~てもらう ~てもいい ~てはいけない	~たり ~たら ~たことがある ~たほうがいい ~たところだ ~たばかりだ

가정형	명령형	의지형	수동 표현	사역 표현	가능 표현
～ば (～면)	～ろ(よ) (～(해)라)	～う/よう (～해야지)	～れる/られる (～당하다)	～せる/させる (～시키다)	～eる/られる (～할 수 있다)
おせば	おせ	おそう	おされる	おさせる	おせる
いけば	いけ	いこう	いかれる	いかせる	いける
かけば	かけ	かこう	かかれる	かかせる	かける
およげば	およげ	およごう	およがれる	およがせる	およげる
しねば	しね	しのう	しなれる	しなせる	しねる
よめば	よめ	よもう	よまれる	よませる	よめる
とべば	とべ	とぼう	とばれる	とばせる	とべる
いえば	いえ	いおう	いわれる	いわせる	いえる
まてば	まて	まとう	またれる	またせる	まてる
のれば	のれ	のろう	のられる	のらせる	のれる
くだされば	ください				
すれば	すれ	すろう	すられる	すらせる	すれる
きれば	きれ	きろう	きられる	きらせる	きれる
きれば	きろ(きよ)	きよう	きられる	きさせる	きられる(きれる)
ねれば	ねろ(ねよ)	ねよう	ねられる	ねさせる	ねられる(ねれる)
すれば	しろ(せよ)	しよう	される	させる	できる
くれば	こい	こよう	こられる	こさせる	こられる(これる)
分析すれば	分析しろ	分析しよう	分析される	分析させる	分析できる
비고	•「くれる(주다)」의 명령 표현⇨「くれ(줘)」 •「ある(있다)」의 부정 표현⇨「ない」 •「問(と)う」「乞(こ)う」의 연결 표현⇨「問うて」/「乞うて」 •「くださる」처럼 ます형 · 명령형이「い」로 변하는 동사 ⇨「いらっしゃる」,「なさる」,「おっしゃる」,「ござる」 •「こわれる(부서지다), たおれる(쓰러지다)」등과 같은 무의지 동사는 명령 및 의지 · 권유 표현을 만들 수 없습니다. •활용이 불규칙한 동사⇨「愛(あい)する(사랑하다)」,「信(しん)ずる(믿다)」,「案(あん)ずる(생각해내다)」				

형용사 및 명사의 접속 활용표

표현 유형 / 형용사 명사	기본형	정중 표현	부정 표현	연결 표현	과거 표현	과거 정중 표현
접속어	~い / だ (~다)	~です	~くない ~で（は）ない	~くて ~で	~かった ~だった	~かったです ~でした
い형용사	ひろい 넓다	ひろいです	ひろくない	ひろくて	ひろかった	ひろかったです
	うれしい 기쁘다	うれしいです	うれしくない	うれしくて	うれしかった	うれしかったです
	いい(よい) 좋다	いいです よいです	よくない	よくて	よかった	よかったです
	おおきい 크다	おおきいです	おおきくない	おおきくて	おおきかった	おおきかったです
	すくない 적다	すくないです	すくなくない	すくなくて	すくなかった	すくなかったです
	ない 없다	ないです	なくない	なくて	なかった	なかったです ありませんでした
い형용사형	食べたい 먹고 싶다	食べたいです	食べたくない	食べたくて	食べたかった	食べたかったです
な형용사형	きれいだ 깨끗하다	きれいです	きれいで(は)ない	きれいで	きれいだった	きれいでした
	同じだ 같다	同じです	同じで(は)ない	同じで	同じだった	同じでした
	健康だ 건강하다	健康です	健康で(は)ない	健康で	健康だった	健康でした
명사+だ	健康だ 건강이다	健康です	健康ではない	健康で	健康だった	健康でした
	学生だ 학생이다	学生です	学生ではない	学生で	学生だった	学生でした
비고	• 형용사의 어간 : い형용사는 어미 「い」를 제외한 나머지이고, な형용사는 어미 「だ」를 제외한 나머지가 어간이 됩니다. • 외견상 같은 말이 문맥에 따라 'な형용사'로도 '명사 + だ'로도 쓰이는 경우가 있는데, 그 예로는 「自由だ(자유롭다, 자유이다)」. 「親切だ(친절하다, 친절이다)」 등이 있습니다. • 엄밀히 말하면 「大きな」는 활용 형태가 아닌 연체사지만, 여기서는 기능면에 중점을 두어 형용사적 표현에서 함께 다루었습니다. 그 예로는 「小さな, おかしな」 등이 있습니다.					

조건 표현 가정 표현	형용사적 표현 (명사 수식)	부사적 표현 (동사 수식)	추측 표현(1)	추측 표현(2)	추측 표현(3)
～ければ ～なら（ば）	い / な / の	～く ～に	～だろう ～かろう	～そうだ	～ようだ
ひろければ	ひろい＋명사	ひろく＋동사	ひろいだろう ひろかろう	ひろそうだ	ひろいようだ
うれしければ	うれしい＋명사	うれしく＋동사	うれしいだろう うれしかろう	うれしそうだ	うれしいようだ
よければ	いい(よい)＋명사	よく＋동사	いい(よい)だろう よかろう	よさそうだ	いい(よい)ようだ
おおきければ	おおきい(おおきな) ＋명사	おおきく＋동사	おおきいだろう おおきかろう	おおきそうだ	おおきいようだ
すくなければ	すくない＋명사	すくなく＋동사	すくないだろう すくなかろう	すくなそうだ	すくないようだ
なければ	ない＋명사	なく＋동사	ないだろう なかろう	なさそうだ	ないようだ
食べたければ	食べたい＋명사	食べたく＋동사	食べたいだろう 食べたかろう	食べたそうだ	食べたいようだ
きれいなら(ば)	きれいな＋명사	きれいに＋동사	きれいだろう	きれいそうだ	きれいなようだ
同じなら(ば)	同じ＋명사	同じに＋동사	同じだろう	同じそうだ	同じようだ
健康なら(ば)	健康な＋명사	健康に＋동사	健康だろう	健康そうだ	健康なようだ
健康なら(ば)	健康の＋명사		健康だろう		健康のようだ
学生なら(ば)	学生の＋명사	学生に＋동사	学生だろう		学生のようだ

하 마 루
はまる 일본어

초판발행	2013년 8월 30일
1판 4쇄	2020년 5월 15일
저자	박전열, 임영철, 김태희
책임 편집	서대종, 정은영, 조은형, 무라야마 토시오
펴낸이	엄태상
콘텐츠 제작	김선웅, 전진우
마케팅	이승욱, 전한나, 왕성석, 노원준
온라인 마케팅	김마선, 조인선
경영기획	마정인, 최성훈, 정다운, 김다미, 전태준, 오희연
물류	정종진, 윤덕현, 양희은, 신승진
펴낸곳	시사일본어사(시사북스)
주소	서울시 종로구 자하문로 300 시사빌딩
주문 및 교재 문의	1588-1582
팩스	0502-989-9592
홈페이지	www.sisabooks.com
이메일	book_japanese@sisadream.com
등록일자	1977년 12월 24일
등록번호	제300 - 1977 - 31호

ISBN 978-89-402-9124-5 18730